趋势红利

新商业增长机会

黄海 著

BENEFITS FROM TRENDS

机械工业出版社
CHINA MACHINE PRESS

图书在版编目（CIP）数据

趋势红利：新商业增长机会 / 黄海著. -- 北京：机械工业出版社, 2025.9（2025.12重印）. -- ISBN 978-7-111-79031-0

I. F713

中国国家版本馆CIP数据核字第2025HQ3690号

机械工业出版社（北京市百万庄大街22号　邮政编码100037）

策划编辑：吴雨靖　　　　　　　　　责任编辑：吴雨靖　赵　涵
责任校对：王文凭　马荣华　景　飞　责任印制：单爱军
北京瑞禾彩色印刷有限公司印刷
2025年12月第1版第3次印刷
147mm×210mm・8.75印张・2插页・156千字
标准书号：ISBN 978-7-111-79031-0
定价：79.00元

电话服务　　　　　　　　　　网络服务
客服电话：010-88361066　　　机　工　官　网：www.cmpbook.com
　　　　　010-88379833　　　机　工　官　博：weibo.com/cmp1952
　　　　　010-68326294　　　金　书　网：www.golden-book.com
封底无防伪标均为盗版　　　　机工教育服务网：www.cmpedu.com

PREFACE ◀ 序　　言

新商业趋势：摸着日本过河

近年来，我国的经济运行稳中求进，高质量发展替代了单纯的粗放式增长。可以这么说，中国正在进入经济换挡时代。

这意味着消费者的基础需求普遍得到了较好的满足，显而易见的发展红利逐渐消失。很多人担心，未来商业机遇是不是会越来越少？

我坚信，经济换挡不可怕，每个时代都有其独特的商业机遇。

健康消费崛起的启示

举一个当下典型的商业机遇例子。近两三年里，国内最让我兴奋的商业机遇之一，就是泛健康领域的商机，这一机遇在各行各业均有明显体现。

先来看大家最为熟悉的吃喝领域。过去两三年，无糖茶这一细分品类迅猛发展，成为饮料巨头必争之地。大家经常能在便利店和超市里看到，农夫山泉旗下的东方树叶产品出现于显眼位置。过去两年，东方树叶都是年销售额超过百亿元的大单品，成为农夫山泉除矿泉水之外的第二增长曲线。在奶茶领域，主打低糖低脂的原叶轻乳茶也取得了快速发展，其中的代表品牌便是霸王茶姬。数年前，这个品牌还鲜为人知，而今，霸王茶姬已经站在中国茶饮行业的舞台中央。霸王茶姬得以快速崛起的其中一个原因，是消费者虽然依然喜爱奶茶，但也希望喝得更加健康，原叶轻乳茶比原有的水果茶产品更好地满足了这一需求。

此外，快餐行业也在向健康化转型。作为消费投资人，我投资了一个叫作"超级碗"的健康快餐品牌。如果你生活在北京，或许你对这个品牌并不陌生，因为它已是北京健康快餐品牌中的第一名，该品牌在过去两年发展势头良好，越来越多的白领会在选择工作餐时将健康纳入考量。

再看服装行业，运动鞋服成为最亮眼的品类。一个驱动因素就是，疫情后，人们越来越重视身体健康，希望在容易焦虑、压力大的都市生活之余，有更多机会拥抱大自然，因此参与户外运动的意愿越来越强。在服装行业整体并不景气的情况下，运动鞋服成为增长最快的明星品类。

我观察到，不同行业中都出现了类似的现象，在经济换挡的时代背景下，带有健康属性的消费产品和服务得到了长足发展。

在本书的"趋势二"部分，我会进一步详细分析健康化这一大趋势。

中日人口趋势对比

中国社会的健康化趋势，实际上和日本的商业发展史不谋而合。在日本所谓的"失去的 30 年"期间，大健康领域成为其国民经济的重要产业，也是日本消费者支出显著增长的领域之一。

对比中国和日本的商业发展史，这样的契合之处还有很多。

我相信，研究日本能为中国企业带来很有价值的启示。近两三年里，我多次与国内创业者、投资人一起赴日参访，与日本企业高管和学者进行深度交流。

从对中日两国的调研中,我感受到,人口老龄化和单身化的长期趋势对两国的商业与消费产生了重要影响。

从人口结构的角度来看,中国目前的人口老龄化程度与20世纪90年代的日本水平相当。衡量人口老龄化程度的常用指标是65岁及以上人口占总人口的比例。截至2024年年末,中国65岁及以上人口占比为15.6%,与1995年左右的日本程度相当。而日本2024年的人口老龄化程度已经非常严重,65岁及以上的人口占比达到了近30%。

因此,我们在分析今天的中国时,要拥有历史纵深感。中国今天的人口老龄化程度相当于20世纪90年代的日本,而不是今天的日本。

尽管如此,我们也不能掉以轻心,因为中国的人口老龄化进程可能比日本的发展得更快。

日本人口从2010年开始下降,而中国人口在2022年达到了拐点,开始下降。值得注意的是,2010年时日本人口仍在增长,而中国人口在2022年已经开始减少,这意味着中国的少子化进程和人口下降速度比当年的日本更快。一个社会如果出生人口减少得更快,人口老龄化进程也会加速。

人口老龄化与单身化在社会中相互关联,几乎是同一现象的两个方面。目前，单人家庭在日本已占所有家庭类型的近35%，预计到2040年，日本男性的终身未婚率将达到29.5%，日本女性为18.7%。

因此，单身化、少子化和人口老龄化是相辅相成的。一旦结婚率下降，生育率也会降低，人口老龄化进程也会加快。

在本书的"趋势三"部分，我们将具体分析银发经济带来的机遇。

行业选择的重要性

整个社会不可逆的人口老龄化趋势，对大多数行业来说并非好事。老年人成为社会中最富有的群体，而年轻人则面临收入增长缓慢和消费欲望下降的局面。在这种情况下，社会总消费很难增长，行业将面临分化。

例如，在20世纪90年代之后的日本，服装行业整体上市场规模缩小，但像优衣库这样的龙头企业，却能在1990年至2010年日本所谓的"失去的20年"当中，实现收入和利润逆势大幅增长。类似的情况也出现在家居行业，日本家居品牌宜得利在经济下行期逆势增长。可以看出，企业的成长不完全依赖于行业整体的增长。

虽然大量行业的整体规模不增长,但其内部细分领域可能出现不同的增长态势。例如,在食品饮料行业,尽管整体市场没有显著增长,但日本市场的经验告诉我们,除了无糖茶之外,还有酸奶、低度酒等细分领域表现出很强的增长趋势。

尽管社会总消费增速放缓,但细分行业之间会发生此消彼长的情况,行业机遇不再雨露均沾:一些企业成为赢家,另一些企业不可避免地沦为输家。

这样一来,趋势判断和行业选择就变得尤为重要。当经济处于高速增长阶段时,选择任何行业都有不错的成功机会。中国经济已从高速粗放式增长阶段转向高质量发展阶段,未来市场的红利将更多体现在结构优化和创新驱动上。企业只有更加细致地分析和选择业务发展方向,才能提升成功的可能性。

因此,我写作本书,旨在尝试回答一个问题:当下中国的商业有怎样的趋势,正在发生怎样的变化,如何在充满不确定性的商业环境中,抓住未来的成功机遇?

变化中的机遇

变化,是我分析商业趋势的出发点。

变化为何如此重要？一个简单的总结是：只有变化，才有机遇。

进入经济换挡期，很多行业的商业竞争格局正在固化。一些企业慢慢成为行业中的"既得利益者"，地位难以被撼动。例如宝洁、可口可乐，已成为商业世界里的常青树。企业跨越周期固然值得尊敬，但一个社会批量产生很多"百年老店"式的企业，不一定是好事，因为这意味着市场格局的变化非常缓慢。

对后来者来说，要想打破现有的格局并进入市场，只有抓住变化中的机遇进行创新，才有可能获得机会。

日本社会之所以推崇匠人精神，并非完全因为日本人比其他国家的创业者更具匠心，而是因为其社会变化较慢。日本的企业经营者低头做事，追求精益求精，而不是抬头寻找趋势和变化。一个变化缓慢的社会，更容易出现强调精细工艺的企业文化。

与此相反，在快速变化的社会中，创业者能抓住的变化和机遇更多。大公司规模庞大，在快速变化的环境中难免存在应变迟缓的问题。相比较而言，中小企业更擅长捕捉变化，一旦某一新兴机会出现，中小企业往往更容易抓住它。

一个企业的成功因素，总可以划分为两个来源：借势和内功。借势是指外部因素，内功则是指企业的内部能力。一个是外因，一个是内因。

市场增长、流量红利和消费需求变化等，都属于外部因素。产品定义、品牌塑造和组织建设等，都属于企业的内部能力。

外部因素是我作为投资人擅长研究的领域，而内部因素则是企业经营者的专长。两者之间是互补的关系，以投资人视角更关注外部因素，而企业经营者则更擅长关注内部因素。

五大变化趋势

需要指出的是，本书重点分析的变化趋势不是"流量红利"这样的短期外部因素。流量的变化快速而短暂，像抖音、小红书等流量平台的变化，虽然重要，但我认为它只能给企业带来短期优势，而不是可持续的长期优势。因此短期外部因素并不是我写作本书关注的重点。

真正对商业趋势带来长期影响的是消费者行为的底层变化，这种变化通常不易察觉，却是决定企业成败的根本。我们不能指望下一波流量红利来创造自己的成功，商业的本质在于满足用户需求，并创造竞争者所不具备的优势。

因此，本书讨论的变化趋势，将以消费者行为这个角度作为核心出发点。

具体而言，本书重点分享的五大商业趋势是：体验化、健康化、圈层化、非标化和全球化。这五大趋势，勾勒出了我心目中未来中国商业机遇的图景。一个企业，只要能抓住并深耕其中某一趋势，无论外部环境如何变化，大概率都能活出自己的一片独特天地。

当然，书中的观点本质上是我的一家之言。在阅读的过程中，你可能会产生很多疑问，觉得书中的观点不符合你原有的认知。对此，我有一个建议——欢迎就书中的分析，留言提供你的思考和反馈，联系方式可在作者简介处获得。

我一直认为，相互交流是学习过程中的重要一环。实际上，书中大部分观点都是我在实地考察以及与企业经营者深度交流的过程中总结出来的。我期待从你身上了解到更多思考角度。

事不宜迟，让我们一起出发，用一个又一个商业案例，逐一呈现这五大趋势。欢迎和我一起踏上充满新发现的商业机遇之旅。

目录 ▶ CONTENTS

序言　新商业趋势：摸着日本过河

趋势一　体验化

平台体验：小红书的差异化　　　　　　　8
场景体验：亚朵酒店卖枕头　　　　　　　17
品牌体验：三顿半走到线下　　　　　　　27

趋势二　健康化

饮料革命：无糖茶攻防战　　　　　　　　48
奶茶咖啡：爆款单品与竞争升级　　　　　58

| 健康快餐：打破"难吃"魔咒 | 74 |
| 户外热潮：冲锋衣的功能时尚化 | 84 |

趋势三　圈层化

运动鞋服：人群细分与品牌集团化	103
会员制零售：山姆千亿元收入的圈层逻辑	117
银发经济：掘金最大的增量市场	130

趋势四　非标化

零售创新：胖东来打造非标商业体	151
社区营造：阿那亚文旅地产的社群范式	173
城市名片：长沙从网红到长红	185

趋势五　全球化

跨境消费潮：国际旅游恢复的连带影响	203
日本经验：品牌的全球化得失	212
中国未来：名创优品和泡泡玛特的海外突围	237

| 结束语　对照日本，而非全盘照搬 | 261 |

趋势一
体验化

体验型消费：当今时代的上行机会

在研究日本消费市场的过程中，我意识到未来中国大量行业的发展不会像过去 30 年那样，让许多人都能获得红利。近年来我与不少企业家交流，大家都反馈生意不如以前好做，业务快速增长的熟悉感觉已经消失。

过去 30 年的日本，很多行业的市场规模都是下滑的。

举两个大家很熟悉的行业为例子。

第一个是餐饮行业。日本的餐饮行业在 1997 年发展到了顶峰，此后 20 多年一直处于下滑状态。这一现象的原因可以理解，老年人有时间在家做饭，而年轻人更倾向于外出就餐。因此，日本餐饮行业自 1997 年见顶以来的持续下滑与人口老龄化进程是重合的。

第二个是家具行业。这个行业在日本自 1992 年发展到顶峰后就开始下滑，最近其市场规模才开始稳定并有轻微的提升。家具行业的下滑不仅与人口老龄化有关，还与房地产市场密切相关。日本的房地产泡沫破裂后,人们的购房意愿下降,家具行业作为房地产后市场,也随之受到影响。

购房时,人们可能会觉得在花 500 万元购房的基础上,再花费 30 万元购买家具可以接受。因为已经有一个较大的支出基数,支出的心理锚点已经存在。然而,在日常生活中更换家具时,人们不太可能花费相同的金额,因为突然需要支付一大笔高额费用时,心理压力更大。大部分家具需求无法成为日常消费。

举这些日本的例子不是为了制造悲观情绪,中国经济未来还有很多机会,没有必要一味地悲观,我们只是需要首先认清现实。

体验型消费长期增长

如今依然能获得很好的发展机遇的领域,就是体验型消费。

之所以说体验型消费是一个良好的机会,是因为社会普遍存在焦虑情绪。

在竞争激烈、压力巨大的社会中,人们通过消费来缓解焦虑。这种趋势推动了相关行业的快速发展,因此,我看好这一趋势,并认为体验型消费将在未来继续增长。从感性的角度来看,这种趋势不仅仅反映了人们对舒适感和愉悦感的追求,也关乎对内心平静的渴望。

可以让消费者花费较少就能缓解焦虑、提升内心的幸福感的行业，将最受益于这一趋势。

最典型的体验型消费就是旅游。

哪怕经济增速放缓，旅游及相关消费领域仍展现出强大的韧性。这一点无论是在日本还是在中国，都有着相似的表现。

对旅游的需求反映了人们对内心宁静和幸福感的渴望。在大城市中，生活压力大，很多人难以在日常工作和生活中感受到放松和舒适，因而选择通过亲近大自然、参与户外活动来获得一种独特的心灵慰藉。因此，旅游和亲近大自然的活动成为一种重要的体验型消费活动，生活中的烦心事越多，人们越愿意为生活体验和精神满足而消费。

随着生活节奏的加快和生活空间的压缩，人们越来越倾向于在周末去城市周边进行户外活动。这说明旅游并不意味着要去遥远的他乡，城市周边的短途游已成为越来越多人的选择。

一个有趣的数据显示，30年前日本人出国旅游的首选目的地是美国和欧洲，而今天变成了中国台湾地区、中国内地和中国香港地区。近年来，日本人倾向于选择近一些的旅游地点，花费不高，也免去了倒时差和长途飞行的辛苦。其旅游的频率没有下降，反而有所增加。

这一趋势在中国也有所体现。疫情后，中国消费者出国旅游的首选目的地是东南亚和日本，亚洲的旅游行业基本已经恢复，访日的中国游客数量甚至超过了此前的最高纪录。但中国游客去欧美旅游的人数只有2019年的50%～60%，仍未恢复到疫情前的水平。

欧美旅游在整个中国出境游市场中所占的比例并不高，属于比较小众的市场。

根据日本过去30年的旅游行业发展过程，我们可以看到未来旅游行业在中国的两大倾向：本土倾向和精品特色倾向。

本土倾向意味着人们更愿意在本国旅游。在中国，我们已经看到了游客对三四线城市旅游景点的兴趣的增长。日本的情况更是如此，许多日本人倾向于到日本的小城市游玩，这推动了其本地旅游服务品质的提升。

为什么大家去日本旅游普遍感觉体验还不错？因为需求增加了，供给必须跟上，这促进了旅游体验不断改善。日本旅游的体验品质就是被"本地倾向"的趋势带动的。

消费者更愿意在本国消费，不愿意跑那么远了，所以本国的旅游供给越来越好，服务越来越细致，就会吸引越来越多的消费者。

精品特色倾向是指旅游项目越来越注重主题，而不是走马观花。

例如，日本最大的老年旅行社 Club Tourism 提供了多种主题旅游活动，包括摄影、绘画、佛教、温泉、旅居、历史探索、马拉松和骑行等主题，能够为消费者提供独特的体验。这些主题旅游活动可能对年轻人来说显得有些安静，但对老年人来说却非常有吸引力。因为这些活动通常服务良好，能满足特定人群的需求。例如，许多退休后的老年人喜欢摄影，会通过参加旅游团的方式去各地摄影。这种服务模式反映了老年消费者追求丰富的生活体验的愿望。

旅行社不可能赢家通吃，它不是携程这样的平台。在这种情况下，单个旅行社在整个市场上占有的份额不高。Club Tourism 作为日本专注于服务老年人的旅行社，2024 年年收入为 1 239 亿日元。其母公司 KNT（近畿日本国际旅行社）是日本排名前三的旅行社，占日本旅行社市场约 10% 的份额。

回看中国市场，2023 年以来，携程的业绩和股价涨势良好。尽管国内外宏观经济环境发生了显著变化，但携程的发展仍然强势。这反映了投资者和消费者的共识：即便内需不足，也有越来越多的人愿意花钱去体验生活，尤其是在旅游这样能够提供感官享受和帮助精神放松的领域。

体验型消费并不局限于旅游，而是会给各行各业带来全新的机遇。接下来我将展开分析体验型消费的几个经典商业案例。

我选取了小红书、亚朵和三顿半这三个案例，它们分别是平台、连锁门店和消费品三种商业模式的典型代表。你会发现,虽然这三种商业模式在底层逻辑上存在差异,三个案例所处的行业也各有区别,但在纷繁复杂的商业世界里,洞察不同事物之间的共性,往往比关注差异更为重要。

体验型消费的大趋势,给小红书、亚朵和三顿半这三家业务模式各异的企业的发展都带来了相当大的助推力量。

平台体验
小红书的差异化

小红书：生活体验分享社区

小红书是一个以生活体验分享为核心的内容社区，社区定位是"你的生活指南"，这一点我觉得非常有意思。

虽然"生活体验分享"这种说法听起来很普遍，每个平台都有相关的内容，但并非所有社区都和小红书一样，让生活体验分享成为社区的主线。

我在小红书上发布的商业分析内容，有些话题符合社区氛围，因此更受欢迎。比如对lululemon的分析，这个运动服装品牌符合小红书用户的审美和购买力，在小红书社区中是喜闻乐见的话题,几乎成了流量密码。

再比如对旅游,特别是对出境游的分析。中国人赴日本旅行热度不减,这类话题在小红书上引发了广泛关注。关于香港人北上深圳购物的情况,也引发了小红书用户的热烈讨论。

从上面这些话题可以看出,用户在小红书关注和讨论的都是生活感受,可以说,小红书是一个公域的朋友圈。

与之相对的是微信朋友圈,对大多数人而言,随着微信好友数量越来越多,同事、亲戚、同学等各种社会关系交织,反而会形成发布内容时的社交压力——真实的生活体验,对很多人来说发在小红书上更轻松。

很多人会把小红书和哔哩哔哩放在一起对比,两者的月活跃用户数相近,都具备鲜明的社区风格。作为投资人和商业观察者,我在这两个社区都持续多年发布商业内容,近距离感受到了两个社区的差异。

以对瑞幸咖啡的商业分析内容为例,当我在哔哩哔哩上发布商业分析的视频时,评论区讨论的大都是"其财务造假是割华尔街的'韭菜'""其退市是资本局中局"等宏大叙事——这样的社区氛围是怎样形成的?好像哔哩哔哩的社区氛围天然就倾向于宏大叙事,而不是日常体验。

同样一条关于瑞幸咖啡的视频发布在小红书上，小红书用户的关注点则是这杯咖啡与自己有什么关系，好不好喝，能否继续以优惠价买到，瑞幸和星巴克的差异是什么，哪家咖啡馆氛围好——这些都是更生活化的表达。

小红书社区突出用户的真实感受，非常个人化，这是其广告种草商业模式能够蓬勃发展的重要原因。

从日常生活感受出发，最直接的导向结果就是购买，因为感受与个人的生活和消费决策密切相关。因此小红书这种以生活体验分享为核心的平台，其广告业务收入的规模显著超过哔哩哔哩。

用户在小红书上发布的内容称为笔记，在笔记这个形式中，图片为主，文字为辅，视频只是可选项。这为用户提供了一个低门槛的分享环境，减轻了用户分享的心理负担。

小红书限制用户笔记的字数不得超过 1 000 字，这意味着用户不能发表长篇大论，而要更多地通过图片来分享。小红书高管解释说，这样的设计是因为大多数用户不太可能愿意用手机输入超过 1 000 字。

如果放开字数限制，会写万字长文的大概是出于商业目的，而非日常分享——很少有人不带商业目的而写这么长的文章。小红书希望用户分享他们在生活中的真实活动，图片是符合用户真实习惯的分享方式。文字输入则是辅助性的补充。

进一步来说,互联网上的产品和品牌要想在小红书上推广,通常需要支付推广费用才会有小红书博主愿意合作;但是自带体验、容易"出片"的线下门店,尤其是具备氛围感和特色体验的门店,往往能够激发博主自发打卡、自发推荐。

机构媒体很难在小红书上取得成功。以商业财经领域为例,36氪和财新网等机构媒体虽然在小红书上有账号,但其在小红书上的影响力低于在其他平台上的。公众号长文更适合机构媒体。尽管这些机构媒体也在适应时代变化,发布视频内容,但用户更倾向于在哔哩哔哩或微信视频号上观看机构媒体的视频。

在小红书上,能够崛起的账号几乎都是个人化的,社区氛围倾向于非官方、非机构化的个人生活体验分享。

小红书的用户破圈之路

小红书最初吸引的核心用户群体是注重生活体验的女性,她们通常具有较高的消费能力,更在乎生活品质,并且愿意分享自己的生活体验。她们最关注的是美妆和服装话题,所以这是小红书最初发展的两个主要领域。

发展至今，小红书的内容早已扩展到女性成长和职场领域，讨论如何在职场中晋升和增加收入在小红书上非常受欢迎。在小红书的月活跃用户中，女性用户占比在 70% ～ 80%。在那些每天使用小红书时间较长的核心用户中，女性的比例可能更高。

许多男性用户依然是"搜索型用户"，他们希望找到特定问题的答案，因此会打开小红书进行搜索，将其作为搜索引擎使用。这种方式是典型的男性用户行为，而女性用户更倾向于浏览和互动。

小红书的知识类内容发展时间比知乎和哔哩哔哩晚一些。在知识类内容中，最早发展起来的是心理类，这与小红书的核心用户群体习惯相符。因为女性用户更关注心理感受。心理和情感分析，包括 MBTI 测试等基于心理学依据的话题，都属于小红书知识区的心理内容。

人文艺术类也是在小红书知识区较早发展起来的类别，如名画鉴赏等内容。这也是女性用户，特别是具有较高消费能力的女性用户关注的领域。

可以看出，小红书的社区扩张，最初是沿着其核心用户群体感兴趣的方向进行的。

如今，小红书希望进一步扩充其用户群体，因为即使它已经吸引了中国最有消费能力和品位的女性用户，拥有超过 1 亿的日活用户，但与抖音和微信相比，仍有明显差距。因此，它需要引入其他用户群体，不能仅仅服务核心用户。

小红书努力拓展的新用户群体有两类，一类是男性用户，另一类是年龄较大的用户。随着小红书朝着拓展用户群体这个方向发展，自然而然地，像上文提到的商业财经这样的新内容就会被引入。

小红书商业模式：从种草到带货

小红书已经验证的商业模式是广告种草。

小红书在种草营销上有一个显著优势，即试错成本较低。即使是只拥有 1 000 名粉丝的 KOC（关键意见消费者）也能接到广告，而且在算法的助力下，他们的笔记可能吸引与粉丝量不成比例的大量关注。因此，广告主可以选择通过多个 KOC 投放广告，成本不高，而且只要其中几条笔记获得关注，广告主就能获得良好的回报。

这种模式为业余创作者提供了一种轻松的收入来源，不需要投入太多精力。人们可以通过拍照和分享体验来赚取一些额外的收入，使发小红书笔记成为一种令人愉悦的副业。

这种正反馈对许多人来说是宝贵的，因为它不需要太多辛劳就能获得一些额外奖励。这对于缓解社会上普遍的焦虑感是有益的。小红书也因此被认为是所有社交媒体平台中对素人最为友好的一家。

而直播电商带货是小红书正在推动，但是还没有得到最终验证的盈利模式。

假设品牌方在平台上投入1 000万元，可以获得3 000万元的带货销售额，ROI（投资回报率）就是3，这对品牌方来说是清晰可计算的。抖音带货发展到今天，品牌方的ROI已经不高了，但很多品牌方仍然依赖抖音，因为其ROI是清晰确定的。确定性对品牌方来说，是难以舍弃的成瘾品。

然而，小红书的广告种草业务通常难以清晰计算效果，因此品牌方只能在较低预算下广泛投放，以概率取胜。但如果平台想要达到商业变现上更高的天花板，种草模式是有局限的。

一旦直播电商的商业模式能够跑通，广告主的投入可以直接变成用户的下单消费，商家就敢于在平台上投入更多资源——这也是抖音成为中国收入最高的广告平台的成功之道。

关于小红书能否成功发展电商闭环，市场上有很多讨论。甚至有观点认为小红书管理层的风格不适合做电商，因为他们显得不够严谨和数据驱动——电商业务需要强大的执行力和运营能力，同时对数据化能力要求很高。

在我看来，小红书的社区形态，比这种看不见摸不着的"基因论"观点影响更大。

快手曾经也面临类似的问题，最终通过一个核心决策，将其电商规模提升至万亿元水平。

这个决策是，快手将其原有的和小红书类似的社区形态——用户在快手 app 中看到双列内容，需要选择感兴趣的视频封面开始观看——转变为与抖音相同的短视频信息流形态，即用户无须选择内容，只需要不断上下滑动刷视频。

当时快手在调整产品形态时，其内部进行了激烈的讨论，高管们考虑了两种形态各自的优劣。最终决定改变的原因是他们意识到，改为短视频信息流形态在电商成交的效率上更有利——用户可以更顺畅地体验直播购物，用户的决策成本更低。

因此，为了推动直播电商的发展，快手果断地改成了与抖音相同的信息流形态。

这一改变虽然在市场天花板和电商成交上取得了优势，却牺牲了产品独特性和用户体验。快手的改变使其产品和抖音雷同，成为抖音的追随者。

小红书在产品逻辑上与抖音有明显的差异，这使得在同样和抖音竞争的情况下，它比快手在独特的用户体验方面更有优势。用户可以同时使用抖音和小红书，甚至本书的不少读者可能只使用小红书而不使用抖音。

然而，与快手和抖音直接上下滑动刷视频的内容呈现方式相比，小红书的内容呈现方式较难使用户被沉浸式的直播间吸引，因此也较难形成冲动消费。

坚持做生活体验分享的社区使得小红书在中国内容平台里独一无二，但这也在一定程度上牺牲了其电商成交的效率。

你怎么理解小红书社区的独特性？欢迎在作者简介处找到联系方式，给我留言分享你的看法。

场景体验
亚朵酒店卖枕头

酒店行业：疫情后的反弹红利消失

酒店行业与体验消费密切相关，住宿费用也是消费者旅游支出的主要构成部分。

在酒店行业，国内品牌多数定位于经济型和中端，每晚价格高于 100 美元的高端市场主要被海外的豪华酒店集团占据。

在一次投资者财报会议上，国内某上市酒店集团的高管曾经提到一个有趣的说法：随着所谓的"消费降级"，一些原来的豪华型酒店消费者因差旅预算下降，开始转向经济型和中端酒店品牌，这为本土酒店品牌带来了新的发展利好。

举个例子，原本你的差旅预算可能是 700 元，后来下降到了 500 元，你无法消费原先的五星级酒店。但全季酒店可能从 400 元提价到了 450 元，你欣然选择了全季。

高端人士消费降级似乎利好了本土酒店集团的发展。

这一现象背后可能存在的假设是，原本能够支撑较高差旅标准的房地产、金融、互联网、医药等行业受到各种因素影响，职员出差的频次在下降。

为了验证这一假设是否属实，我有投资人好友进行了跨地区的消费者调研。结果发现，即使在一线城市，差旅标准每晚超过 800 元的比例也只有 10%；在新一线和二线城市，差旅标准每晚超过 650 元的也只有 12%。

调研还显示：其实差旅标准总体上看没有明显下降，尤其是在每晚 650 元以下的价格区间内，差旅标准可能还略有上升，而差旅标准每晚在 650 元以上的公司非常稀少。

此外，在全国商旅出行的大盘里，上述几个差旅费用较高的行业的商旅人士占比很少。

在以制造业立国的中国，更多的商旅人士来源于制造业。中国制造业的发展整体良好，尤其是高端科技制造领域，这也是政策扶持最多的领域，其差旅标准反而是在提升的，差旅需求也更加旺盛。

总体而言，酒店集团高管提到的"高端人士因消费降级而转向中低端酒店"，可能并不会对本土酒店集团构成实质性利好：真正在"消费降级"的行业，并不是酒店差旅需求的主要来源。制造业的发展景气程度，比金融和互联网等行业对本土酒店集团业绩的影响大得多。

整体来看，国内的旅游市场在经历了2023年的报复性反弹之后，2024年就恢复常态了。在酒店行业里，间夜价格（指每间房每晚的收费标准）是理解业务的重要指标。各大酒店集团的财报纷纷显示，2024年的间夜价格比上一年同期有所下降。

亚朵异军突起：枕头成为第二曲线

在酒店行业的"报复性"反弹红利消失后，有一个品牌的业绩依然蒸蒸日上。

这个品牌就是亚朵。2024年，亚朵集团的营收是72.48亿元，同比增长55.3%；净利润为12.73亿元，同比增长72%以上；利润率超过了17%。在很多行业不景气的2024年，亚朵集团反而取得了快速增长。

很多网友开玩笑说，亚朵在酒店经营上擅长"渣男手段"：在体验细节上下功夫，通过一些实际上投入有限、成本可控的动作，给消费者带来更强的情绪价值。

具体来说，亚朵在线下门店的体验打造中，突出强调对消费者"睡眠更好"的关怀。通过给用户提供睡前牛奶、蒸汽眼罩、防噪声耳塞等产品，打造更好体验感。

在睡眠质量差越来越成为全社会痛点的今天，亚朵酒店非常聪明地聚焦"睡眠体验"重点发力。因此，在竞争如此激烈、可以称得上是红海的酒店行业，亚朵集团的业绩来源除了酒店主业本身，还有一个撒手锏——通过电商平台在线上卖枕头。

对于一家公司，同时在线下经营酒店业务，在线上经营电商业务，两件事对核心能力的要求差别很大。在各行各业里，实现"两开花"的案例很少。

当然，亚朵旗下的睡眠消费品业务，产品不仅有枕头，但枕头是它最大的爆款。亚朵的这部分业务，对标企业就是像富安娜、罗莱家纺、水星家纺这样的家居行业上市公司。跨界进入家居行业的亚朵，仅仅用了两三年时间就在枕头产品上超越了这些上市公司，成为天猫上的枕头第一品牌。2022年，亚朵卖家居产品的收入是2.54亿元，占整个集团营收的 11% 左右。

2024 年，亚朵的家居品牌零售收入超过 20 亿元，占整个集团销售额的 30%。短短两年，业绩翻了接近 9 倍。

那睡眠消费品业务究竟赚不赚钱呢？实际上，可能比酒店业务更赚钱。根据亚朵集团 2024 财年的财报，亚朵零售品牌的毛利率约为 51%，而酒店业务的毛利率在 36% 左右。

从收入的角度看，酒店业务依然是亚朵集团最大的收入来源。但如果我们换一个角度，从毛利额的角度看，亚朵卖枕头这种家居产品所产生的毛利额，已经快赶上开酒店了。

显然，亚朵是中国所有的酒店品牌中，消费品业务做得最好的。

亚朵卖枕头的秘诀

值得具体分析的是：为什么一个开酒店的公司居然能把枕头卖好？

第一个原因是，相关市场机会本身确实很优质。睡不好是整个社会的大趋势，当下睡不好的人越来越多了，未来只会更多。随着睡不好的人变多，睡眠体验会变成越来越多人愿意花钱的地方。

亚朵卖枕头盯上的就是这样一群用户：收入中上，对睡眠的质量有要求，工作压力比较大，睡眠质量一般。这群人跟亚朵酒店服务的商旅用户有不少重合，但人群要更加宽泛。

展望未来，很多行业已经不再有增量。与睡眠相关的消费品称得上是少有的可以逆势增长的领域。在日本"失去的30年"中，睡眠产品市场依然稳定增长，能够抵御周期。

背后的道理也非常清晰。在经济高速发展的时期，大家都忙着工作赚钱，追逐外在的名利。对于晚上回家睡眠的质量怎么样，就没有那么多精力去关注了。而在市场竞争日益激烈、充满不确定性的当下，消费者会把更多注意力放回到自身的体验上。

对我们每个人来说，每天睡在床上的时间约有8个小时，占一天的三分之一。这件事情足够重要，使得消费者越来越重视。

亚朵最大的爆款"深睡枕pro"，售价超过300元。300元买一个枕头不算便宜。与其说是亚朵的枕头做得有多好，不如说是消费者越来越重视睡眠质量。

而消费者对一件事情越重视，就越愿意为其付出更高的价格。

很多时候，消费者付的钱不是由成本决定的，不是说枕头制造得越来越高端，越来越有科技含量，就天然能变贵。我们愿意为一个产品付的钱，跟它的成本往往没有太大关系，而是跟它对于我们生活的重要性相关。

哪怕亚朵 2024 年的家居产品销售额达到 20 亿元的体量，也仅仅占中国家居大盘不到 1% 的市场份额。中国的市场太大了，可以容纳很多个像亚朵这样的睡眠品牌。

第二个原因是，酒店是最好的试睡场景。这也是酒店作为体验型消费场景的一大魅力。

枕头是一个需要体验的产品，消费者购买之前没有办法判断枕头舒不舒服。买回来如果体验不好，是可以退货的，但一来一回非常麻烦。

很多人最早是在亚朵酒店里睡到一个舒服的枕头而被"种草"。虽然消费者很少真的会在住完酒店后当场买一个枕头回去，且亚朵 80%～90% 的枕头销售额都发生在线上，但这并不意味着亚朵的线下体验没有用。

购买枕头这样的产品需要慢决策，东西占地方，家里面如果堆太多是塞不下的。消费者不可能高频购买，每年买一两次就算很不错了。亚朵只需要消费者在想起来买枕头的时候，能想起自己的品牌就可以。

相比之下，如果在卖枕头时采用类似小米的"参数模式"，原材料和黑科技都透明可见，反而无法打动注重体验的消费者。亚朵的卖枕头业务，选中了市场里一个很难被精准衡量的消费需求——你的好睡眠值多少钱？

睡眠体验非常重要，结果很主观——睡得好与睡得差之间的影响因素太多了。

睡眠质量会受到心理因素的影响，心理暗示可能比黑科技更管用。用户在亚朵酒店睡得好，无形之中就会助力亚朵的卖货业务。

好的用户体验，比一切参数都重要。当一个消费需求既主观又很重要的时候，抓住该需求的商家就比较容易获得利润。

具体来说，在分析企业的时候，有一个重要指标可以用于判断经营状况是否健康，就是广告费用占整体营收的比例。这个比例越低，说明企业越不需要砸钱购买流量换取收入。根据 2024 财年的财报，亚朵的广告费用占整体营收的比例是 13.4%。这个比例在连锁酒店行业中，只能说是正常；在消费品行业中，则是非常低的。

通过开出一千多家连锁酒店，亚朵免费打了很多天然广告，让消费者在想买枕头的时候，有更高的概率来亚朵这里下单。家居行业有自己独特的属性，如果没有线下体验的帮助，亚朵在线上卖枕头是很难赚钱的。

很多家居品牌在抖音上进行广告投放，账算不平，都是亏损的。因为家居用品是耐用品，消费者的消费决策低频且谨慎，品牌很难刺激用户冲动下单。而且，家居用品的内容广告的转化效率整体上不如快消品。

总结来看，亚朵酒店卖枕头的背后体现了酒店作为体验型消费场景的优势。

睡眠经济符合社会发展趋势

如今越来越多的人开始"向内看"，更加关注生活中的具体感受和体验。在一个竞争激烈的社会环境中，想要活得更轻松是人的基本权利，想要活得更自在是人的天然追求。

这种趋势不仅仅反映了人们对舒适感和愉悦感的追求，也关乎对内心平静的渴望。在一个焦虑情绪蔓延的社会，提升睡眠体验就是在努力维护自己生活中的小确幸。

何况人一生中有三分之一的时间在睡眠中度过，睡觉这件事情就是我们人生体验中最重要的部分之一。花费较少的资金改善睡眠环境，就能提升自己的生活质量和幸福感，何乐而不为呢？

我看好睡眠经济未来的发展，这一市场将在未来继续增长。

我也投资了一个名为"躺岛"的睡眠品牌。这个品牌的名字源自"躺下"和"岛屿"这两个词，传达了一个关于睡眠的理念。其品牌口号之一是"来躺岛，睡一觉就好"，这一口号不仅形象地传达了休息和睡眠的重要性，而且突出了产品对焦虑情绪的缓解作用。

你的睡眠怎么样，选择枕头和床品的时候你会先在线下进行体验吗？欢迎在作者简介处找到联系方式，和我分享你对这个问题的观点。

品牌体验
三顿半走到线下

阅读本书之时，相信有不少读者已经打卡过三顿半在上海愚园路的体验店。这是三顿半作为一个线上起家的咖啡品牌，认真打造的线下体验空间。

此前三顿半在上海安福路的"原力飞行"门店属于测试版本，最终在安福路测试版门店的基础上，三顿半又花了三年时间，在愚园路开出了理想中的体验店。

有不少人觉得，咖啡品牌做线下店，应该学习已经打磨出成熟门店模型的瑞幸和Manner，开出更多可以规模化复制的门店。但三顿半却选择了打造体验空间，看上去难以迅速复制。

一个线上起家的咖啡品牌，为什么要投入大量的资源和时间，开一家体验型门店呢？

三顿半虽然被贴上了互联网咖啡的标签，却一直追求成为一个体验型品牌，因此线下体验空间不可或缺。

互联网品牌最缺的是与用户沟通的机会，如果想和用户进行更加深入的接触，让用户体验自己的更多产品和服务，那么线下接触带来的互动感是非常重要且不可替代的。

此外，品牌在线上和用户的接触深度有限，只依靠互联网建立品牌黏性是非常难的事情。用户在互联网上的注意力转瞬即逝，同时电商平台的规则和玩法瞬息万变，用户永远都能接触到更新、更便宜的产品。

因此，基于互联网建立的消费品牌总会面临一个难题——怎样沉淀客户，提升复购率。有不少互联网品牌的创始人在私下交流时表示，总觉得自己的生意构建在流沙之上——**平台掌控算法，只要将算法简单微调，消费者随时就会离品牌而去**。

相比之下，线下门店天然拥有更多与用户直接交流的机会。对三顿半而言，想要建立起更加深入、复合、立体的品牌体验，必须走到线下。

在线下开一家几乎不可能复制的体验型门店，不是为了快速提升收入，而是为了三顿半这个品牌能活得更久、活得更好。

我参与了三顿半咖啡的早期投资，见证了这个品牌从默默无闻到成为互联网咖啡品牌第一，然后从线上走到线下。

以咖啡连接人群，打造体验

一个很现实的问题是，目前国内的人均咖啡杯数相对欧美还是非常低的，咖啡文化也是在近年来才逐渐走向主流。对更大范围的消费人群来说，他们对于咖啡的印象可能只有"苦"。能够区分不同咖啡风味的已经是重度咖啡用户了。对品牌来说，这两种消费群体之间的需求差异很大。

对三顿半来说，它不追求所有人都成为它的用户。

市场上有效率型品牌，追求的是成本控制和规模扩张；也有体验型品牌，追求的是用户体验创新。站好自己的位置比较重要。对于想要成为前者的品牌，面向大众市场，匹配基础功能是最容易成交且效率最高的，品牌建设和沟通成本都相对偏低。

但三顿半坚持要成为体验型品牌，把"风味"的支点做好才能形成差异化,才能让那些了解风味的人成为用户,并且发展出长期关系。这是其战略路径的选择。

三顿半看重大众市场的发展,也看重会有多少人经过培养、学习,逐渐对咖啡风味产生兴趣,最终成为三顿半的用户。

很多人会问,三顿半这样的路线,最终销售能够实现规模化吗?

销售的规模化有不同的实现路径。具体来说,销售的规模化来自下面几个要素:足够大的人群规模、足够高的消费能力、足够高的消费频次以及足够长的消费周期。销售的规模化需要这些要素的共同作用。

这些要素共同影响着一家公司的收入。人群规模是大家最容易感受到的,拼多多成功的重要原因之一,是它服务了最大多数的中国人。而奢侈品行业主要靠消费能力和消费频次支撑。

对体验型品牌来说,其销售的规模化更多是创新驱动的,而不是完全以人群规模驱动的。以苹果为代表,从音乐播放器到AR设备,它追求的更多是消费场景的拓展,希望同一群用户能在更多的场景和更长的周期内选择苹果。

三顿半希望成为一个体验型品牌，通过对不同场景的建设为用户提供不同的产品。品牌以其标志性的小罐装超即溶咖啡为代表性产品，这也是其零售产品。零售产品的连接性非常广泛，有点像是苹果体系中的手机端，可以据此延伸出很多其他服务。

三顿半的思考是，如果想要在零售产品之外做更有发展性和成长性的体验场景，就要将产品化和服务化结合起来。显然，线下门店更偏服务和体验。

很多人对三顿半的认知是互联网品牌，实际上三顿半从成立起就希望能在线下有所突破。三顿半一直想解决很多问题：新兴的线下咖啡体验还有哪些可能性？这些可能性需要哪些结构去支撑？这些可能性能成为新一代的咖啡体验吗？在运营上要面对多大的挑战？

三顿半一直想做线下的新的咖啡体系，不管是早先的一些小尝试，还是上海安福路的"原力飞行"门店，它都希望能够探索出新的消费场景，让用户在超即溶的小罐装咖啡之外，基于三顿半的理念和体验，在线下场景去消费其他产品。

实际上，"原力飞行"门店更偏向于品牌的自我表达和基于街区范围的定制化的东西，是"安福路"或者说是"上海"的逻辑。

作为测试店,"原力飞行"门店带来的最大好处在于,它产生了非常多的连接。星巴克的空间体验也不错,但发展到今天,它已经不再花心思组织加强人与人之间的连接的活动了。

从现已被市场上很多品牌效仿的回收活动"返航计划"开始,三顿半一直致力于连接人群,希望能够把各种有影响力的品牌、机构和个人聚在一起,构建一些合作共赢的模式。

很多人说,这种体验型门店的可复制性会很差。实际上,越极致的体验越难复制,越容易复制的东西,其体验性就会相对没那么好。

此外,谁说未来三顿半只能开一种门店呢?

体验型品牌要靠创新驱动

在所有的体验型品牌中,最具备代表性的品牌非苹果莫属。其实苹果官方的线下门店 Apple Store,并没有很强调一定要在店里购买和成交。Apple Store 最强的两个功能是售后服务和消费者教育,教消费者如何更好地用产品去解决生活中存在的问题。

广义上的苹果产品包括它的软件、硬件和门店体验,它们都是品牌的一部分。苹果线下门店的服务流程之所以让人感觉很好，是因为它的体验设计很到位。

产品设计和体验设计是两套不同的逻辑，它们的交互部分叫作空间设计。五感的体验是最丰富的，包含空间维度的体验就比单纯的零售产品体验丰富很多。

效率型品牌是去服务化、去体验化的，因为这样才能极致地追求成本的绝对领先。但是体验型品牌一定要把体验推向极致，这样才能实现差异化。所以把线下体验做得很好的品牌，无一不是精细化地追求设计氛围、服务体系、产品摆放、活动社群等方方面面的细节。

做体验设计的时候，需要追求由内到外的表达都是一致的。

分析到这里，很自然的一个问题是：如果核心在于连接，那品类是否不应局限于咖啡？未来三顿半会不会有咖啡之外的可能性？

这个问题思考的是扩展性和一致性之间的平衡。咖啡产品的扩展性和连接性都比较强。做体验型品牌的最大挑战就是一致性。现在星巴克的线下体验没法做到那么极致，也是因为规模化之后用户体验容易被稀释。

星巴克早期的连接性还是很强的,是很极致的"人和人"之间的生意,而非咖啡的生意。后来因为门店太多,无法保持早期的状态。在别的国家看到的星巴克门店还是可以保持相对比较高的体验水准。当然和规模更小的 Blue Bottle Coffee(蓝瓶咖啡)或者独立咖啡馆相比,其对体验的呈现还是被稀释了。

所以一致性是做体验型品牌非常需要重视的能力。不能为了追求体验的突出和难忘,就把一致性的原则给弄丢了。

在追求成为体验型品牌的路上,三顿半尝试了更多品类的产品,用户群体规模扩大了,线下活动涉及的城市、员工也变多了,还增加了原先没有的抖音这样的销售平台。

组织越来越复杂,对三顿半的能力要求越来越高。当一个品牌超出其能力的边界去追求规模化时,该品牌会变得越来越不像自己。你想成为一个体验型品牌,做极致的创新,但是流量摆在你面前,"双11"大促摆在你面前,这是体验型品牌面临的现实矛盾。

归根到底,品牌基因决定了品牌大部分的动作。过去几年,中国社会经历了一个消费的周期,有起有落。

如果有一天,一看到增长变慢,就丢掉体验去追求极致效率，这就不是三顿半了。用创始人吴骏的话来说，就是"做着做着我也做不下去了"。认清品牌基因，真的是一件非常重要的事情。

体验型品牌需要成长周期

商业社会里，每个品牌都在一定意义上左右互搏。每个品牌都有心目中想要成为的自己的样子，但是每个品牌也面临着快速成长和估值增加的诱惑，这是大部分品牌创始人焦虑的来源。

三顿半清楚地意识到，做体验型品牌的周期就是要相对长一些。这是商业世界的基本逻辑。世间安得双全法，你不可能既要又要。

在三顿半的发展过程中，从咖啡饮品的创新到空间环境的创新，再到员工组织形态和员工激励计划的创新，甚至是股权结构的创新，只有这些体现能力增长的创新才能给它带来规模的增长。

认识到这一点，快速成长的焦虑感会降低很多。

市场战略是可以精细计算的，企业可以在保持 ROI 的前提下进行各种新尝试，可以灵活调整。而品牌基因是组织战略，是方向的问题，企业要成为一个效率型品牌还是一个体验型品牌？这是需要明确和坚持的。

大部分人没有分清楚市场战略、组织战略、品牌战略和产品战略之间的关系。市场上会有很多声音，但最终要自己判断清楚。

虽然体验型品牌的成长周期更长，但是它的抗风险能力也更强，因为它的体验更多元，可扩展性会更强。对效率型品牌来说，它满足的需求更加基础，在规模的扩张上更容易。体验型品牌在做的更多还是深耕增量空间，满足新需求。

最怕的是企业因为各种因素的变动产生了左右逢源的想法，很多时候一旦不"极致"就不好了。体验型品牌应该追求简洁、专注、纯粹。

在这两三年里，市场上出现了一些新的速溶咖啡粉，每杯价格不超过2元，在口味上会融合白桃这样的水果口味，不是百分之百纯咖啡，像是三顿半的平替——三顿半的产品每杯价格在4元以上。

类似的改变完全在三顿半的能力范围内，但它却坚持不去碰。

因为一旦做了，核心就丢了。平替是很讲效率的说法，

"平替产品"就是走了上文说的效率路线。

极致的成本管理是非常强的能力，拥有这种能力值得羡慕，但是三顿半没有。品牌的路径选择没有对错好坏之分，它是从团队的能力里长出来的东西。

坚持走属于自己的路线，生长出来的能力，就是开花结果顺其自然得到的东西。

如果三顿半推出大量自身原有产品的平替，就违背了基于用户体验做创新的初衷。如果品牌本身的使命、愿景、价值观都不存在了，长期发展的驱动力就无从谈起。

当然，从交付物的角度来看，如果消费者的目的就是每天喝到好喝的咖啡，那么方便的时候在家可以喝胶囊咖啡，或者自己磨咖啡豆，出门在外不方便的时候可以买现成的瑞幸咖啡，约人聊天可以去星巴克。

按照天猫的品类定义，三顿半被归在了速溶咖啡下面。在消费降级的大背景下，门店售卖的现磨咖啡已经降价到8块8或者9块9一杯了，很多人会问：为什么还要花六七块钱去买一杯三顿半的零售产品？

换句话说，对用户来说，三顿半的零售产品的可替代性是不是挺强呢？

这个问题值得好好分析。

首先，用户在不同的场景下会有不同的需求，三顿半的零售产品在某些场景下有自己特定的优势。无论是星巴克还是瑞幸，哪怕是全世界最厉害的咖啡品牌，也不可能满足所有人的需求。比如在进行户外活动的时候，三顿半的产品就比现磨咖啡方便。

其次，对三顿半来说，咖啡是关于风味的旅程。消费者对风味有追求的时候，三顿半具备很强的竞争力。

最后且最重要的是，三顿半也在推出多种产品线。产品最终都是咖啡，但通过超即溶的形态、门店现制饮品的形态，以及胶囊、咖啡液的形态呈现出来，成为品牌的一部分。这就类似于，苹果不仅卖手机，也在推出不同的产品线。

品牌最终能留住用户，是因为连接到了同一个类型的人群，提供了基于品牌理念的一致性体验。衡量打造体验型品牌成功与否的最核心的标准，是在不同场景下构建一致性体验的能力。

所以没有那么绝对和极致的对用户需求的定义。品牌影响力增长之后，用户在各个场景下都有可能消费三顿半的产品。

很多人认为,三顿半就等于超即溶的冻干粉,这件事是三顿半不愿意承认的。因为冻干是门技术,技术成熟后会变成通用的能力,而应用这门技术的商家不一定能打造出品牌。好比脱骨是门技术,无骨鸡爪只是个品类,没有公司因为发明了无骨鸡爪而成为品牌。

品牌是不能用技术或者商品来定义的。品牌的本质是为了避免被商品化,避免初级形态化,避免加工形态化。建立品牌就是为了不让咖啡的定价需要锚定咖啡豆的成本来计算。

总体而言,三顿半的核心能力是场景拓展的能力。未来三顿半将基于品牌理念贯彻的一致性,在更多场景中创造更多可能。

体验型品牌需要内容能力

很多人对三顿半的印象是特别会做内容。一方面是因为三顿半输出的文字、图片、视频,比其他品牌的更有质感。另一方面是消费行业里常说的"产品即内容",三顿半一直在探索内容和产品本身的结合。

关于品牌需要怎样的内容能力,尤其是体验型品牌需要具备怎样的内容能力,值得展开探讨。

对品牌来说，内容输出的目的不是自我表达，而是更好地为用户服务以及与用户沟通。

从这个角度来看，一个品牌和用户的所有沟通都是内容，包括图文和视频，也包括包装和活动。比如"返航计划"，要在现场和用户沟通，这也是内容的一种形态。

在今天这个瞬息万变的时代，品牌做内容不能只追求热点，追热点会越来越难——用户的兴趣点和情绪点的变化是越来越快的。

品牌的内容输出要求品牌有构建内容体系的能力，要追求体验的一致性和稳定性。

根据三顿半的总结，品牌做内容的能力有以下几个层次：第一层是基本的信息资讯的表达；第二层是基于营销内容的互动；第三层是基于文化或者生活方式的沟通；第四层是品牌的价值观和世界观的建设。

这四个层次对品牌的内容能力和内容输出方式的要求是不一样的。

很多品牌在起步阶段，做好第一个层次已经有点吃力了。说好话，写好字，本身就不是特别容易的事情。

而上文提到的社交媒体上的用户情绪越来越难以捉摸，

就属于第二个层次。社交媒体的环境是随时在变化的，品牌总要跟随热点，肯定是比较困难的。

进入第三个层次，品牌就具备了超越产品功能的精神属性，能做到这一点的品牌数量不多。

第四个层次涉及价值观的传达，肯定是难度最大的。

对于内容的布局，三顿半也希望建立在未来能够沟通世界观和价值观的基础上，因为这样更能跨越周期——世界观是不会随着短期热点变化的。这样的品牌更能实现差异化，与用户的关系也更深刻。

当然这非常难，不是想做就能做到的，能做好前面三个层次已经非常难。

值得注意的是，如果一个品牌坚持做基于世界观的内容表达，那它对社会热点的捕捉和对营销话术的利用都会比较保守，不太会往这些方面发力。三顿半的品牌内容输出，就不太追求热点。

在构建世界观和价值观的旅途中，三顿半的内容能力满足三点要素：叙事感、生动感和世界感。

叙事感是指建立起一种表达语境，即使今天有很多人不看长文章，三顿半的微信公众号还是在坚持发长文章，因为三顿半希望把一件事情叙述得清楚和完整。

而生动感指的是三顿半作为一个品牌进行探索的各种生活瞬间。三顿半有"返航计划"线下活动，有愚园路门店，品牌是立体而鲜活的。

至于世界感，对应的是三顿半创作的很多旅游和户外的图片和视频，其品牌表达中也会使用英文信息，这都是在呈现世界的丰富性。作为一个在长沙起家的品牌，三顿半没有像其他长沙著名品牌一样强调长沙的本地文化，而是尽可能地"去长沙化"，在其内容表达中基本上看不到对长沙这个起源地的强调。

以上分析都不是所谓的标准答案，而是三顿半在探索成为体验型品牌的道路上，不断总结和迭代的思考过程。

在投资三顿半的过程中，我自己最大的感受是：商业肯定不是只有一种解法。只要保持不断创新的意愿，保持成长，坚定自己的想法，一定能走出自己的道路。

你对三顿半的品牌和产品体验有什么看法？欢迎在作者简介处找到联系方式，留言分享。

本篇内容得益于和三顿半创始人吴骏的深度交流，感谢他的分享。

趋势二
健康化

内卷式竞争，需要功能之外的额外价值

在中国的商业竞争中，"内卷"是很多人挂在嘴边的高频词。尤其是在强调功能性的产品领域，过度竞争正在不断蚕食行业利润。产品必须找到功能属性之外的附加价值，以获得消费者的青睐。

为了说明这一点，我们可以对比分析电动汽车和奢侈品这两个行业，从中获得有趣的启示。

电动汽车行业在同质化竞争方面表现得最为极端。 汽车领域是一个功能性非常强的领域，产品的优劣程度可以通过非常多的参数和指标来客观衡量。近年来，中国汽车市场的"血海"竞争尤为激烈，堪称中国商业史上最为惨烈的大型商战之一。

最近一两年，不少汽车企业纷纷面临倒闭、欠薪等困境，一些外资品牌也开始撤出中国市场。这背后的原因，除了行业资金投入过大、同质化内卷外，更重要的本质问题在于，汽

车行业作为一个功能性行业，其功能属性难以成为品牌支撑溢价的理由。

国际豪车品牌原来的高溢价，被越来越多的消费者意识到它在很多时候是一种"智商税"，因此国际豪车品牌在国内市场的日子也日益难熬。

奢侈品行业则展现出一种截然不同的竞争格局。尽管奢侈品行业内也有多个品牌相互竞争，但这些品牌往往能够和谐共存并盈利。在全球市场上，除了爱马仕、香奈儿之外，还有几十个奢侈品品牌同样取得了成功。

相比之下，电动汽车行业却不具备这样百花齐放的可能性。电动汽车行业人士普遍预计，国内电动汽车市场最终只会剩下三五个主要集团，全球范围内也不会超过十个。

这种情况反映了汽车行业的本质：作为一个高度功能化的行业，最终的竞争将集中于供应链的效率。汽车行业的竞争加剧，正是由其高度功能化的特点所决定的。因此，最终的胜者不仅要在技术和功能上超越对手，而且要在供应链和生产效率上具有规模优势。

功能性行业最终拼的就是规模，这就是汽车行业内竞争的本质。而奢侈品行业比拼的是不可量化的产品附加价值——如身份标签、个性差异、文化历史，因此存在百花齐放的可能性。

在商业竞争中，有什么不可被功能性指标客观量化的因素能给消费者的决策提供支撑，同时支撑产品定价，避免行业因过度内卷而导致利润消失呢？

这个问题的答案，或许就是内卷式竞争的出路。

消费者愿意为"健康"支付溢价

近年来让我感受最深的一种产品附加价值，就是"健康"。我观察到一个非常有趣且正在逐步增强的趋势——消费者愿意为健康类消费支付溢价。

健康类消费以往经常被认为是"智商税"，这个标签在过去多年里一直困扰着相关行业。重大的转变发生在疫情期间，健康类消费在疫情后逐渐摆脱了"伪需求"的标签。

健康类消费的重要性提升来源于一个简单而清晰的事实：疫情让每个人都经历了身体上的挑战，也让人们更加意识到健康的重要性。在疫情期间，许多人亲眼看见了身边亲朋的病痛甚至是离世，深刻体会到了健康对每个人生活的影响。

随着生活质量和收入水平的提升，健康逐渐成为人们生活中的核心关注点。尤其是年轻一代，他们愿意为自己的健康付出更多，即使这样可能意味着牺牲一些工作机会和收入。

越来越多的年轻人开始将身体的健康放在首位,不再单纯依靠高强度的工作来换取金钱。这种趋势愈加明显,并且在未来多年里仍将持续。

这种趋势会带来什么具体的商业机会呢?在吃喝和穿着这两个日常消费规模相对较大的领域里,健康化的趋势最为明显。

其中,吃喝又可以分成"吃"和"喝"。众所周知,饮料生意竞争极其激烈,但胜者的天花板也极高:农夫山泉的创始人钟睒睒,长期以来一直是中国首富的有力竞争者。

我们先来看看农夫山泉十多年前就已经提前布局的饮料产品线:无糖茶。

饮料革命
无糖茶攻防战

群雄逐鹿无糖茶市场

无糖茶是最能体现健康化趋势的饮料类目。

无糖茶满足了消费者怎样的需求呢？可以用五个字来概括：有味道的水，或者叫"水替"。

从消费者的角度来说，随着健康意识的不断提高，大家都知道喝无糖的饮品是有益身体健康的。摄入糖容易发胖，这已经成为常识，深入人心。但是很多人又觉得纯水一点味道都没有，太寡淡了，有不少朋友曾经向我吐槽，从小到大都很难喝下去白开水。

中国人自古以来就有喝茶的习惯，喝茶这件事情不需要像喝咖啡一样要进行品牌教育。虽然几年前东方树叶刚流行的时候，很多人说东方树叶的味道就像隔夜茶水，难以入口，但时至今日，已经很少有人表达这样的感受了，消费者可能也都喝习惯了。

在此前很多年里，无糖茶这个领域只有农夫山泉旗下的东方树叶和三得利两家巨头在竞争。

中国饮料企业中最早意识到无糖茶趋势的是农夫山泉，其早在2011年就推出了东方树叶。当时坐中国饮料行业头把交椅的还是娃哈哈，但娃哈哈对行业趋势的判断并不如竞争对手。在同样的时间节点上，娃哈哈选择了重金投入果汁赛道。

2024年，东方树叶产品线的年销售额已超过100亿元。同年，以东方树叶为代表的茶饮料已超过原有的主营业务瓶装水，成为农夫山泉公司的第一大收入来源，贡献了接近40%的营收。

在2024年，农夫山泉的老本行——矿泉水的业绩其实在持续承压。为了应对华润旗下品牌怡宝的竞争，农夫山泉也推出了绿色包装的纯净水。有趣的是，早年间农夫山泉花重金做营销，教育消费者，称纯净水是人工过滤的，矿泉水才是天然的，含有许多有益于人体的微量元素，所以矿泉水的溢价更高。

自降身价推出价格更低的绿色包装纯净水，难免有些左右互搏。最大的原因是农夫山泉受到大环境的影响，原本定位"消费升级"的矿泉水在销售端遭遇挤压，亟须在更低价格带的纯净水产品上发力。

综合来看，在主业业绩承压之下，无糖茶成为农夫山泉最大的增长亮点。

日企三得利早在1997年就在中国推出了无糖乌龙茶产品。

经过多年的耕耘和等待，农夫山泉和三得利这两家企业吃到了最近几年无糖茶需求爆发的最大红利，占据行业前两名，市场份额合计一度超过80%（见表2-1）。

表2-1　2024年8～9月无糖茶市场主要品牌的市场占有率

排名	品牌	市场占有率				
1	农夫山泉	>80%				
2	三得利		>88%			
3	康师傅			>93%		
4	果子熟了				>95%	
5	统一					
6	可口可乐					
7	茶小开					>98.49%
8	娃哈哈					
9	元气森林					
10	伊利					
11	东鹏饮料					
12	维他奶					
13	让茶					

注：该表数据来源于马上赢、中信建投。

最近两三年，无糖茶行业竞争的激烈程度大幅提升。

目前这个行业的第三名及之后的玩家，几乎都是在这个行业爆火之后冲进来的。但是它们每一个都实力强横。过去两年，几乎所有大家听过名字的饮料品牌都纷纷冲进了无糖茶领域，想要分一杯羹。

没有看到巨大的市场机会，饮料巨头不会那么着急冲进来。无糖茶需求爆发之后进场的新品牌或产品包括可口可乐旗下的淳茶舍、娃哈哈旗下的无糖茶系列、统一的春拂绿茶、康师傅的无糖茉莉花茶、元气森林的麦茶等，加上一众创业品牌——果子熟了、茶小开，以及原来并不是做茶饮料的其他饮料赛道的巨头，如做能量饮料的东鹏饮料，还有做乳制品的伊利等。

这简直就是新一代的"百团大战"，而如此激烈的市场竞争自然会引发价格战。

此前无糖茶的定价较高，5 元以上的价格是矿泉水的两三倍，阻碍了其市场规模的发展。在线下便利店，无糖茶原来的售价在 5～7 元之间。随着竞争愈加激烈，各厂家纷纷做起了促销，最常见的促销方法就是加 1 元得两瓶，以原来定价 6 元为例，多加 1 元即可 7 元买两瓶。这样，在促销期间，一瓶无糖茶的价格已经下降到了 3 元出头，它和瓶装水之间的价格距离被极大地拉近了，它们之间的可替代性也变高了。

头部品牌的竞争策略

面对这么多如狼似虎的对手，农夫山泉和三得利会失去领先地位吗？

饮料行业比其他行业更加依赖线下渠道，尤其是便利店和夫妻老婆店的货架空间有限，线下渠道具备排他性，不可能同时引入所有品牌的无糖茶产品。而农夫山泉旗下的矿泉水业务，牢牢掌握着中国数百万家夫妻老婆店这样的终端渠道。东方树叶可以复用农夫山泉矿泉水的渠道，这在饮料行业里是重要的竞争壁垒。因此，我并不替农夫山泉担心。

至于三得利，我就没有那么乐观了。

1981年，三得利完成了杀菌工艺测试，跟随伊藤园的脚步，推出了罐装乌龙茶。在当时的日本，喝茶极具仪式感，将茶带出茶室，变为便利店能买到的快消品，三得利做出了重要贡献。

早在20世纪80年代推出第一款罐装乌龙茶产品时，三得利就在外包装上印刷"使用来自中国福建省的茶叶"的字样，到中国的茶园拍摄广告片，打造溯源形象，希望能凸显自己的专业性。

从 1995 年进入中国软饮料市场开始算，20 多年之后，三得利才等来了无糖茶在中国的流行。2023 年，三得利的全球销售额在 1 500 亿元左右。根据媒体报道，在这样一个庞大的商业帝国中，中国市场是三得利增速最快的市场，三得利中国市场销售额的 80% 来自无糖乌龙茶。

但是进入 2024 年后，尤其是 2024 年下半年，三得利的增速开始放缓了。它感受到了被中国品牌围攻的压力。

市场调研数据显示，2024 年上半年，三得利产品占整个无糖茶市场的市场份额从 21% 左右下降到 12% 左右，2024 年 7 月之后更是进一步下降到了 10% 以内。

三得利产品的销售额依然是在增长的，但是其增速却落后于无糖茶行业的平均水平，其市场份额的占比正在下降。排名第一的东方树叶却没有出现这个问题。虽然东方树叶的体量更大，但是其增速与行业平均水平大致持平。东方树叶依然占据整个无糖茶市场 50% 以上的市场份额。

为什么农夫山泉能守住自己的蛋糕，而三得利却节节败退呢？饮料行业和其他很多消费品行业细分领域一样，**两大核心要素是渠道和品牌**。

先来看渠道。日本是一个便利店遍地的国度，在日本卖无糖茶，只需要把 7-Eleven、罗森、全家这样的便利店搞定了，就能够卖给大部分消费者。

原因是日本的城市结构高度集中，东京都市圈和大阪都市圈就占据着接近一半的日本人口。三得利在日本只需要跟几个核心的渠道合作。但在中国，情况恰恰相反，三得利擅长的便利店渠道，只存在于一二线城市。

一旦到了下沉市场，中国的饮料行业的渠道就是无数毛细血管，非常分散，一个饮料企业需要搭建起自己的深度分销网络，如此才能触达更多的消费者。而这样的能力，不是来自日本的三得利所擅长的。

再看品牌。如果是一线城市的消费者，大概会认为三得利是知名品牌，因为在大城市里随处可见。而如果是生活在中国的低线城市的消费者，可能根本没有听过这个品牌的名字。

除了渠道方面的水土不服，三得利面临的另一个问题是**产品线**太单一。三得利一直坚持在乌龙茶类目进行深挖。鉴于乌龙茶口味比较苦涩，很多消费者不习惯，三得利开发了无糖版、微糖版，以及各种风味版的乌龙茶。虽然三得利还有乌龙茶之外的产品，但是产品线整体拓展一直比较缓慢，很多消费者对三得利产品的认知已经固化,把它等同于乌龙茶。在竞争不激烈的时候,三得利能守住自己的市场;一旦竞争对手纷纷入局,推出口味更加丰富的产品,三得利就未必是消费者的首选了。

跟很多外企一样,三得利在中国也有自己的高光时刻。日本企业的优点是有耐心做长期布局,可以沉下心来坚持做不容易的事。无糖茶天时地利人和,所有的要素当下都齐备了,三得利用守株待兔的方式等到了自己收获的那一天。

但是在吃了两三年红利之后,随着竞争对手反应过来,三得利的好日子也渐渐结束了。在行业的潜伏期,可以用长线思维去耕地和播种。而行业进入爆发期后,这个品类成了市场共识,才是真正比硬实力的时候。

无糖茶行业已经到了"刺刀见红"的时刻,参与者逆水行舟,不进则退。三得利作为一家外企,在中国市场上无论是资源和执行力都比不上本土企业,丢失份额只是时间问题。

无糖茶市场的日本经验

太阳底下无新事,无糖茶的爆发,实际上在日本商业史上已经发生过。

在日本，目前茶饮料市场上以无糖茶为主，大多数便利店出售的茶饮料几乎都是无糖的。

无糖茶饮料的崛起与日本人口老龄化进程密切相关。20世纪80年代，无糖饮料仅占日本饮料市场整体规模的1%，但到2021年，这一比例已增至54%。2022年，日本无糖茶的销售额在即饮茶饮料中占比85.2%，显示出无糖茶在日本饮料市场的主导地位。

相比之下，中国即饮茶饮料市场中的无糖茶销售额占比仍然较低，2022年这一数据为7.7%，市场潜力巨大。从2017年到2023年，中国无糖茶行业市场规模从17.45亿元上涨至82.81亿元，而即饮茶饮料的整体市场规模早已超过1 000亿元——无糖茶仍处于早期发展阶段，具有巨大的增长潜力。

对所有参与竞争的饮料品牌来说，无糖茶的市场机会增多是显而易见的。未来5～10年是中国社会人口老龄化程度不断加深的阶段。一个社会的人口老龄化程度越高，消费者就越喜欢清淡的口感。像喝奶茶这件事情，超过一定的年龄，你很可能会发现自己对它的喜爱程度越来越低。因为那种甜腻的口感你逐渐无法接受，倾向于转投无糖茶的怀抱。

预计在未来5～10年内，我国的无糖茶市场将快速增长。即使在经济进入低增速时代之后，这一市场的增长前景依然乐观。当然，对具体的参与者来说，无糖茶的市场机会已经进入下半场——不是无糖茶的需求不增长，而是行业竞争的拥挤程度过高。判断一个行业是否有发展红利，不能只看需求，也要看供给的拥挤程度。

在本章的最后，留一个问题和大家一起思考：既然健康化是大趋势，为什么又甜又腻的奶茶消费在我国依然保持繁荣，奶茶行业在未来 5～10 年内是否仍能继续增长？欢迎在作者简介处找到联系方式，和我分享你的观点。

奶茶咖啡
爆款单品与竞争升级

在庞大的饮料市场里，饮料整体上可以分为即饮型和现制型两种。前者被工业化生产出来之后，在如便利店这样的零售通道里销售；后者则在门店现场制作，属于餐饮服务业。

上一章讨论的无糖茶属于即饮型饮料，在现制型饮料中，健康化的趋势同样明确。现制型饮料的两大典型行业，莫过于奶茶和咖啡。

从20世纪90年代进入中国市场开始，星巴克一直是中国现制咖啡行业当之无愧的王者，直到2023年，星巴克中国的总销售额被瑞幸咖啡超越。

过去几年，瑞幸咖啡的发展速度惊人，已经在全国范围内开出超过 2 万家门店。瑞幸咖啡的高管曾经表示，相较于奶茶产品，瑞幸咖啡的一个优势在于"咖啡给人感觉更加健康"。

奶茶的口感又甜又腻，已经成为很多注重健康的消费者所诟病之处。这个痛点的存在，也给奶茶行业的后起之秀霸王茶姬带来了借健康化大趋势崛起的机会。

在奶茶、咖啡行业内外的激烈角逐中，霸王茶姬、瑞幸咖啡和星巴克等重要的参与者，都面临着各自的机遇与挑战。

奶茶新势力：霸王茶姬异军突起

近年来，奶茶市场最引人注目的明星产品线莫过于霸王茶姬主推的原叶轻乳茶。比起比较甜的水果茶，原叶轻乳茶更加清淡，卡路里也比水果茶的要低。

原叶轻乳茶主要由茶、奶和基底乳三种原料构成，说得直白一点可以将其理解为"茶拿铁"，本质上是茶叶萃取液加奶，再配合基底乳调配口感。

消费者在点单时如果选择不加糖，原叶轻乳茶就是不甜的。这和水果茶形成鲜明对比，消费者在买水果茶时哪怕选择不加糖，果汁里的糖依然存在，因此口感还是甜的。消费者饮用水果茶，无法从根源上减糖。

原叶轻乳茶这个类目是由茶颜悦色最先做出名堂来的，但霸王茶姬后来居上，目前已经成为主打这一类目的茶饮品牌中的第一名。

在近三年里，霸王茶姬是中国消费领域发展最快的品牌之一。根据霸王茶姬发布的招股书，2024 年全年，霸王茶姬的 GMV（商品交易总额）达到了 295 亿元，2024 年的净利润更是达到 25.15 亿元。

在当下的经济环境里，上述经营业绩让人刮目相看。而这个公司 2017 年 11 月才在昆明开出第一家店。

GMV 不代表霸王茶姬的收入，因为它是个加盟型企业，所以其 GMV 可以理解为终端消费者付的钱。霸王茶姬的营收占 GMV 的 40% 左右，相当于留了约 60% 的空间给加盟商。

疫情后，大量商家都量入为出、小心谨慎，大部分餐饮品牌都在走下沉小店路线，实施低成本战略。然而，霸王茶姬却反其道而行之，入驻好的商场，打造高势能门店，走高投入、高产出的路线，主打"茶界星巴克"的定位。

这样高势能的路线在经济好的时候很多人都想走，就像

2021年之前的喜茶：我是高势能的、品牌感最强的，所以我是最有号召力的。但在消费降级的压力之下，多数品牌都不敢"高举高打"了，只有霸王茶姬依旧在走这个路线，并且还活得很好。

霸王茶姬经常说自己是最像星巴克的中国茶饮企业。这句话在客观上有一定的合理性，因为它的定位确实是这么多奶茶品牌中最像咖啡的，甚至毫不夸张地说，霸王茶姬的发展思路就是奶茶咖啡化。

什么是奶茶咖啡化

原叶轻乳茶不含不健康的配料和果汁，而是还原茶和奶的味道——这一点和咖啡是类似的。

霸王茶姬刚走红时，其一大特点是在点单小程序上注明每款产品的卡路里数值。而此前，大多数综合性的奶茶品牌只会在一些主打低卡路里的产品上标明该数值，或者推出特定的"低卡路里专区"。因此，作为第一个全面标注所有产品的卡路里数值的品牌，霸王茶姬就占据了在健康化消费趋势上最多的红利。

原叶轻乳茶具有提神属性——这一点和咖啡也是类似的。

经常有网友在社交媒体上反映自己在喝了霸王茶姬的新

品后出现了难以入睡的症状。霸王茶姬的核心爆款是伯牙绝弦，有网友戏称应该叫"伯牙绝眠"，因为咖啡因管够，提神功能不比星巴克的产品差。要提神，那就不用喝咖啡了，喝霸王茶姬就行。

在推出轻咖啡因系列的产品之前，一大杯五六百毫升的霸王茶姬饮品的咖啡因含量可达一两百毫克，对比之下，一罐因提神而著名的250毫升的红牛维生素功能饮料，咖啡因含量为50毫克。也就是说一大杯霸王茶姬，相当于两三罐红牛。

所以，瑞幸咖啡未来的竞争对手就不是只有库迪咖啡了，可能杀出来个霸王茶姬，奶茶可以跟咖啡同台竞技了。霸王茶姬的产品由于具备一定的提神属性，也就具备了水果茶不具备的一个特点，即带有功能性。

正面交锋：瑞幸咖啡与霸王茶姬必有一战

发展到今天，瑞幸咖啡最大的对手不是星巴克，也不是库迪咖啡，而是霸王茶姬。

瑞幸咖啡和霸王茶姬这两家公司是中国饮料行业目前风头最劲的两个品牌。未来这两个品牌的竞争将成为中国商业领域里面最精彩的较量之一。

产品策略

2024年夏天,瑞幸咖啡正式官宣刘亦菲成为其全球品牌代言人。第二天,瑞幸咖啡就上线了轻轻茉莉这款轻乳茶,这款产品完全是冲着霸王茶姬去的。

轻轻茉莉定价9.9元,比霸王茶姬16元以上的定价便宜了接近一半。它的成分包括茉莉花茶、基底乳、纯牛奶还有糖浆,从原材料构成的角度看,它和霸王茶姬的王牌产品伯牙绝弦是非常类似的。

伯牙绝弦作为头部爆款,在过去两年间贡献了霸王茶姬30%的销售额。霸王茶姬如果仅仅卖一款伯牙绝弦,一年就能实现几十亿元的终端销售额。

瑞幸咖啡的轻轻茉莉是可以选择不加咖啡的。因此瑞幸咖啡也在奶茶的道路上越走越远了。实际上,轻轻茉莉并不是瑞幸咖啡推出的第一款不含咖啡的饮料。它之前就推出了多款茶拿铁产品,还推出了柠檬茶系列的产品,市场反馈都不错。

瑞幸咖啡的定位越来越像人们日常生活中的饮料补给站。

消费人群

我们可以清晰地判断,瑞幸咖啡跟星巴克并不在一个赛道上。星巴克具有很强的商务属性,而且它主打第三空间,中高端的价格定位使得星巴克很难成为消费者每天一杯的日常饮料消费首选。而库迪咖啡的门店定位，比瑞幸咖啡又更加下沉。在未来的一二线城市，大量库迪咖啡门店大概率是很难生存下去的。

一二线城市白领是瑞幸咖啡最看重的核心消费人群，而霸王茶姬的核心消费人群跟瑞幸咖啡的重合度是最高的，两者之间的直接竞争会非常激烈。

瑞幸咖啡自然不可能坐以待毙，在2024年夏天推出的轻轻茉莉这一新品的营销上，它投入了巨大资源。9.9元的补贴价本来已经越来越少见了，但是在这个爆款上它又重新放出了9.9元的大招。瑞幸咖啡的高管也在朋友圈宣布，轻轻茉莉是其2024年卖得最好的一个新品。

从经营数据来看，截至2024年年底，霸王茶姬的门店数量为6 000多家，瑞幸咖啡则超过2万家，霸王茶姬的门店数约为瑞幸咖啡的四分之一，但是2024年霸王茶姬的终端销售额（295亿元）已经远远超过瑞幸咖啡（344.75亿元）的二分之一了。

消费者的饮料需求和消费能力是有限的，有品牌增长就会有品牌放缓。这两个品牌之间的竞争会比大家想象中的更加激烈。

口感、成瘾性与标准化

在霸王茶姬和咖啡品牌竞争的过程中,要考虑到的很重要的一点是很多消费者没办法接受咖啡的口感,但觉得霸王茶姬的口感接受度更高。毕竟入口是甜的,没有咖啡那么苦涩。

一旦饮料的口感容易接受,同时带有功能性,这件事就有意思了。强功能性的产品都更易上瘾,比如星巴克卖了40年的拿铁和美式,也没人说星巴克这些款式缺乏新鲜感——拿铁和美式就是日常生活的一部分。

霸王茶姬在路演的时候都会跟投资人讲,我做的是经典款,而水果茶要换来换去的,和时尚行业一样,趋势变来变去,花里胡哨的东西是长久不了的,只有我这款伯牙绝弦能够长期持续存在。

网红的最大问题是不可持续,这是所有商业思考者观察茶饮品牌时都会关注的角度。但霸王茶姬的切入点非常巧妙:我的产品跟星巴克的拿铁一样,是一个基本款,不用每周上新,还有成瘾性。

同时,霸王茶姬还有一个巨大的优点,就是制作简单,容易标准化。

不是产品越复杂，消费者就越喜欢。伯牙绝弦的配料表里，66% 是茉莉雪芽茶汤，19% 是牛奶，8% 是冰勃朗非氢化基底乳，最后还有按个人喜好添加的约 7% 的糖浆。基本上 10～15 秒就可以完成液体原料的混合，这种产品未来可以实现机器人自动化出杯，一天一家门店做 2 000 杯不成问题。

高成本模式的风险

未来霸王茶姬的火爆能不能持续下去？

首先，原叶轻乳茶这个赛道肯定会一直存在。茶颜悦色在长沙经营了十年以上，这十多年来其产品就是原叶轻乳茶，没有重大变化，也一直很受欢迎。由此可见，群众基础没问题，品类是可持续的。

然而，在中国消费品行业，很少有品牌一直是靠高势能赢得消费者的。高势能品牌的代表有前几年的喜茶、全盛时期的完美日记，那时所有人都在讨论，所有媒体都在报道，一打开小红书都是种草的笔记。后来发生的事情，大家都知道——这些品牌的势能不可避免地滑落了。

在中国消费品行业，很少有品牌能一直站在 C 位，大都是各领风骚两三年。历史经验告诉我们，霸王茶姬能维持如此高势能的概率不是没有，但不高。

高势能品牌除了有对消费者的吸引力之外，还有对加盟商的吸引力。

在实际开店过程中，高势能打法带来的门店高昂的装修成本和租金都由加盟商来承担。今天加盟一家霸王茶姬的整体投入已经超过 100 万元。加盟商愿意承担高成本投入的原因在于，其相信品牌的号召力能在开业后吸引大量消费者。这种模式呈现出自我循环的特性，而自我循环依赖于品牌强大的号召力。高势能品牌通过吸引有信心的加盟商，使其愿意支付高价租赁优质店面，并借助良好的位置和高流量维持品牌的势能。然而，如果这个循环被打破，门店销量下降，加盟商就会面临巨大的亏损风险。

关键在于，对加盟商来说，门店租金等大额支出属于固定成本，这导致利润变动幅度会显著大于收入波动，即存在明显的经营杠杆效应。例如，很多餐饮品牌如果收入下降15%～20%，基本上就意味着店面经营由盈转亏。

高势能的打法意味着高成本，而高成本意味着高经营杠杆，这是霸王茶姬的真正风险所在。

困境中的星巴克中国

在一个竞争激烈的行业里，有赢家就会有输家。

如果说瑞幸咖啡和霸王茶姬过去几年处于攻城略地的进攻态势，星巴克中国则在苦苦防御中，原有的优势正在不断被削弱。

即使不做什么深入的研究，也不难发现星巴克中国正处于不利境地。

2023年是中国咖啡商业史上一个重要的年份，这一年，中国咖啡市场营收第一名的宝座由星巴克转至瑞幸咖啡。

虽然从门店面积上看，星巴克属于第三空间，而瑞幸咖啡属于外带式小店，并不好直接比较。但从门店数量上看，两者确实拉开了差距：2024年年底，星巴克在中国市场的门店数量在7 600家左右，而瑞幸咖啡则超过了2万家。

无论从营收角度还是门店数量角度来看，瑞幸咖啡都已经超越了星巴克。中国咖啡市场第一名易主，已是事实。

2024年，市场开始感受到星巴克中国的危机。整个2024年，星巴克下滑的趋势都在持续。星巴克2024财年的财报显示，第四财季中国市场营收同比下滑了7%，可比门店[一]销售

[一] 可比门店指的是那些已经运营了一段时间（通常是一年以上），并且没有经历过重大改建、扩建或位置变动的门店。这些门店在不同时间段（如今年与去年同期）的销售业绩可直接进行比较，以此来评估公司核心业务的有机增长情况，排除了新店开业或关闭门店等外部因素的影响。

额的下滑幅度则达到了 14%。

2024 年星巴克中国开了几百家新店，但营收跟 2023 年比还下降了，可以想象可比门店销售额的下滑幅度。下滑的因素有两个：交易量和客单价。2024 财年第四财季，星巴克中国的交易量下滑了 6% 左右，平均客单价则下滑得更多，在 8% 左右。

其实星巴克已经被拖入价格战了。虽然星巴克的菜单价格没有降低，但星巴克已经通过各种运营方式，将消费者实际支付的价格下调至菜单价格的 70% 左右。

相比瑞幸咖啡真刀真枪的 9.9 元，以及直接在小程序里给用户折扣券的顺畅体验，星巴克为了不影响自己的中高端定位，不能直接降价，以免损害品牌形象。

具体来说，星巴克的降价方式非常多：除了团购平台优惠、充值折扣这些常规做法，星巴克还会跟各类信用卡平台合作，使用信用卡积分可以兑换各类优惠券。星巴克还会在直播间内发售打折的多次卡。只有繁忙的商务人士或者不了解网络支付优惠渠道的人，才会按照菜单价格直接支付。

所以星巴克的降价姿态是非常"别扭"的，需要消费者花费更多的时间和精力，才能发现优惠藏在哪里。

依赖空间，产品价值无法支撑品牌

上文描述的星巴克中国的困境，本质上是因为星巴克严格来说并不是一家咖啡企业，而是一个以咖啡为消费载体，提供空间价值的品牌。

和健康价值类似，空间价值曾经也是一种重要的品牌附加价值。然而，在打造第三空间方面取得的巨大成功，在很长时间内掩盖了星巴克产品创新的不足。

在消费者越来越重视咖啡产品本身的今天，空间价值带来的品牌溢价正在逐渐减弱。

第一，星巴克的空间溢价在减弱，品牌的高端溢价在减弱。

2023年，创始人霍华德·舒尔茨卸任CEO之后，继任的CEO表示："星巴克的使命是每一杯咖啡都要能够引发对话，去连接每一个社区。"这确实是星巴克的公司使命，以咖啡作为载体，创造人与人之间的联结。

谁都不能否认第三空间存在的价值。星巴克的优质空间能够给商场引流，让星巴克可以在与商场谈判的时候，享有极大的租金优惠。

星巴克进入中国市场的时候，已经是国际大品牌，所以它在跟商场谈判时，并不是乙方的角色，而更像是商场央求入驻的"甲方"，商场会给星巴克很长的免租期，甚至是装修补贴。

前些年，星巴克在开店上是非常强势的，拿到的条件比国内咖啡品牌优越很多。甚至在商业地产中有一个非常重要的指标，叫"星巴克指数"，指的是如果一个城市里星巴克门店的数量越多，即星巴克指数越高，这个城市就越繁华。

但随着国内咖啡品牌的崛起，能够给商场引流的品牌越来越多，星巴克不再是一枝独秀。当下星巴克在房租上的优势已经在逐渐减弱。

第二，星巴克面对的更大的挑战是，产品的吸引力下降，性价比很低。

虽然最近两年星巴克的上新速度在肉眼可见地加快，但还是太慢了。近年来，老对手瑞幸咖啡不仅有生椰拿铁这样的大爆款，每年还能推出各种小爆款。

时至今日，星巴克最出名的大单品"星冰乐"，还是一个30年前就已经推出的产品。而且星冰乐产品中并没有新鲜水果，而是含有大量奶油和糖分，**这与饮品行业当下的产品健康化趋势明显不相符。**

相比拿铁、美式这类创新空间较小的产品，饮料属性更强的单品对于品牌更加重要，它能够帮助品牌在消费者心中保持新鲜感，吸引那些不想喝咖啡但想要一杯饮品的顾客。从这个角度看，星冰乐的竞争力是逐步下降的。

为了应对这些困境，星巴克中国也在积极自救，其中最重要的策略是进入下沉市场。

截至 2024 年，中国有 2 800 多个县级行政区域，星巴克进入了近 1 000 个县级市场。也就是说，中国还有约三分之二的县级市场没有星巴克。2024 年星巴克新进入的城市包括河南平顶山、甘肃酒泉等，75% 的新增门店位于三线及以下城市。

但这些城市的消费者真的需要星巴克吗？星巴克在这些城市能成功吗？

悲观的观点认为，县城并没有强烈的商务社交需求，也没有那么多年轻消费者需要在咖啡店里聊事情，当地不少年轻人已经进入大城市打拼。而县城里原有的茶馆、麻将馆等场地，能够更接地气地满足当地消费者商务社交的需求。

在低线城市，还有一个现象是，很多在一二线城市漂泊多年的年轻人不想内卷，而是选择回老家开一个有调性的咖啡馆，承载自己的情怀。对低线城市的年轻人而言，这样的咖啡馆和空间更适合打卡和在社交媒体上展示。

我的预测是，星巴克若进入下沉市场，在开业初期大概率会吸引一些尝鲜的消费者，可能会有人去遛娃或闲逛，因为星巴克作为休息空间还是挺舒服的。但下沉市场的日常商务社交需求并不强烈。在这样的情况下，让"下沉"成为星巴克的自救法宝，大概率是存疑的。

还有一个问题是，星巴克的价格在低线城市并不友好。30块钱已经能在县城买一只烧鸡了，为什么要花在一杯咖啡上面呢？

在本章的最后，想听听大家对奶茶、咖啡行业的看法。你看好星巴克在中国未来的发展吗？霸王茶姬和瑞幸咖啡之间的竞争，你更加看好谁？

欢迎在作者简介处找到联系方式，和我分享你的观点。

健康快餐
打破"难吃"魔咒

除了饮料之外,吃喝领域另一个典型的能够体现健康化趋势的类目,毫无疑问就是快餐。

这一章分享的案例是健康轻食品牌"FOODBOWL 超级碗"(以下简称超级碗),2015 年成立于北京,已经在北京、上海、成都等城市拥有超过 100 家门店,是北京市场轻食品牌门店数量的第一名。

我在天使轮参与投资了超级碗,很多人会好奇:健康轻食通常给人"伪需求"、不好吃的印象,这个行业有投资价值吗?

过去几年,在消费降级、餐饮业内卷的大背景之下,超级碗却保持稳健增长。这里面有一个重要的因素,就是超级碗致力于在好吃和健康间取得平衡，改变人们视健康轻食为"沙拉"或者视其为反人性食物的固有认知。

健康和好吃，两者如何兼顾

如果你没有吃过超级碗，第一次听到这个名字，你可能会以为它是美国的著名体育赛事，无法马上反应过来这是什么类型的品牌。因为这不是一个用品类来定义自己的餐饮品牌。

对超级碗最简单的描述是"好吃的健康餐"。超级碗团队在创业初期，确实没有从品类角度出发，更多还是先思考要满足什么需求——让消费者更容易、更方便地吃到健康的快餐。

一听到"健康餐"几个字，很多人的第一反应就是"吃草"，以为是以沙拉为主的冷餐。这恰恰是超级碗创业之初捕捉到的消费者痛点。2015年超级碗品牌成立的时候，市面上能吃到的健康餐基本上都是生冷的沙拉或者三明治，这在体验上确实反人性。所以健康餐这个品类很难产生复购，尤其是在秋冬季，消费者连尝试的意愿都没有。

把健康餐做好吃，就成为超级碗团队着手解决的最重要的问题。他们探索出了两个解决方案。

一是先把东西做热,超级碗卖热食而非冷餐。传统的轻食其实是偏生冷的,不适合中国胃。

二是做偏中式的口味,以米饭或者面条为主食。以沙拉为代表的健康轻食其实是舶来品,不太能被大多数中国消费者接受。

超级碗不受某个地区的菜系限制,而是选择了在中国口味的"最大公约数"上延伸。在处理食材的时候,它选择了大量的中式口味和做法,产品包括蜜汁鸡腿肉、番茄牛腩等。

超级碗去成都开店的时候,还升级了酱料,做了一个"川味辣椒粉",希望给当地消费者提供他们喜欢的辣味调料。把辣椒粉放到轻食里,这就不是传统健康餐会考虑的做法。

而回到健康本身,超级碗尽力做好的只有两件事。一是食材更健康,多用一些"超级食物",包括黑豆酱、羽衣甘蓝等,这是超级碗品牌定位决定的。二是追求饮食结构的均衡。超级碗没有详细的菜单,但有一个四步点餐法。先选碳水化合物,其次选蛋白质,再选植物纤维,最后选配料,每一步都有固定的搭配比例,但消费者可以自主对食材进行排列组合。比如超级碗提供的蛋白质包括鸡肉、牛肉和海鲜等。在均衡饮食结构的基础上,每个单品都尽量保证中式风味和温热口感。

总结来说，超级碗在健康轻食这个领域的破局之道，可以理解为用西式传统的沙拉和轻食的原材料，配以中式的口味和健康的营养搭配结构，最后制作出健康又好吃的快餐。

如果大家到超级碗的门店体验，会有点在食堂打饭的感觉。走出校门之后，很多人就很少有这种"挨个选菜"的感觉了。

几年前我第一次吃超级碗的时候，第一感觉是一碗健康的盖浇饭。通常大家吃外卖的痛点都是吃不够蔬菜，但超级碗的蔬菜很丰富，吃完有一种"今天又健康了"的满足感。很多人会觉得健康是一种心理暗示，就像穿上 lululemon 就感觉自己又热爱运动了，正在成为更优秀的人。

对一个品牌来说，健康的标签会为它逐年积累复利。尤其是在中国的市场环境下，消费者对健康快餐的需求正在不断增长，市场规模和消费频次都在逐年上升。甚至一些专门做沙拉的加盟品牌也已经下沉到低线城市，下沉市场的消费者也有追求健康的旺盛需求。

超级碗虽然追求帮助每个消费者都吃得更健康。但是这里有一个微妙的区别，是绝对健康还是相对健康？

前者其实大多数人都很难达到，超级碗选择追求后者，让大家的每一顿饭稍微健康一些，蔬菜和蛋白质的摄入足够，饮食结构能更加均衡。

因为超级碗的目标消费人群并非极度在意健康的人群，八成以上的超级碗消费者都属于"泛健康用户"。其实大家只是想多吃一些蔬菜，少摄入一些精制碳水化合物，多来点粗粮，倒不是一定要长肌肉或者保持严苛的体脂率。

超级碗的用户画像当中，女性偏多，多数是白领，收入水平较高。北京和上海的情况还有点区别，上海的女性用户占比更高，北京的男女用户比例则已经接近五五开了。

超级碗定位于白领群体的日常工作快餐，价格区间是30～50元——这个价格的工作餐，确实不便宜。

然而，虽然超级碗比一般的快餐价格更贵，但因为食材的数量更多，质量更好，超级碗的毛利率反而比一般快餐更低。

我在投资超级碗的过程中做了不少调研，在和消费者交流的时候，我发现对原本消费 Wagas（沃歌斯）和 gaga 这些高端轻食的消费者来说，超级碗已经是性价比更高的选择了。

作为一个定价较高的快餐品牌，超级碗居然常常从消费者那里收获"性价比高"的评价。这样的评价是反直觉的，核心原因在于健康对消费者来说是无价的，很多人愿意付费更多来让自己吃得更健康。

Wagas 和 gaga 这样的品牌更加偏商务，门店有更好的空间和装修，租金和单店投入更高，产品线也更丰富。超级碗主打的更多还是快餐，解决白领在工作繁忙之余吃得健康的问题。因此和这些高端品牌相比，超级碗的解决方案，确实是性价比更高。

发展节奏：先慢后快

在写作本书时，超级碗主要在北京、上海、成都三个城市经营，并刚刚进入杭州和深圳市场。品牌最早还是从北京起家的，这在全国的餐饮品牌中较为少见。

因地制宜的城市布局

北京的环境对于初创的餐饮品牌算不上太友好。比如能供选择的门店位置是有限的，街边店的客流量不高等。但优点是有力的竞争对手更少，整个南方的餐饮业比北京发达，竞争更加激烈。

对超级碗来说，北京市场的容错率更高。

超级碗的创始团队并非做餐饮出身，作为一个 2015 年成立的健康轻食品牌，超级碗经历了好几年的试错过程。创业六七年间，超级碗一直专注于耕耘北京市场。

在北京扎根的六七年里，超级碗一直在专注做几件事。第一，打磨单店模型，把门店做得更扎实；第二，不断打磨产品，每年都在迭代创新；第三，团队也在困难的磨炼中更加成熟，从"团伙"慢慢变成"团队"了。

2023年，超级碗进入上海市场之时，超级碗的团队能力与创业之初已经不可同日而语。

上海对轻食的接纳度和消费水平在一线城市里是最好的。一方面是上海的外国人占比相对较高，整体饮食口味的多元化程度也更高，对健康轻食这个品类的接纳度天然更高。另一方面是上海的商业分布相对均匀，可选择的位置更多。相比之下，北京的商业其实是偏集中的，东边是国贸，西边是金融街，在开店的点位选择上没有在上海那么从容。

我从投资人的角度看，超级碗团队的发展节奏是合理的。

在团队能力还不够强的时候，先选择一个容忍度比较高的空间慢慢摸索，等实力增强了再到更加激烈的市场里竞争。否则一旦消费者不满意，可能就没有后面的机会了。

这也让我想起了瑞幸咖啡，瑞幸咖啡创业之初也是在北京市场发展。在其刚创立的头几年里，我经常能听到上海的朋友和我吐槽瑞幸咖啡的口味难喝。这样看，北京像是个"新手村"。

除了北京、上海之外，我写作本书时，超级碗门店数量较多的城市只有成都。

成都人的口味很刁钻，对美食的追求全国闻名。但超级碗在成都市场的年轻消费者中反响很好，这说明他们对健康轻食是有需求的，并不因为口味的不同而存在偏见。虽然大家在成都吃辣比较多，但是吃辣之余也需要一些清淡的口味来中和。

成都市场的门店数虽比不上北京和上海，但给了超级碗很大信心。证明超级碗可以进入的不仅仅是超一线城市，还有更多的新一线，甚至是二三线城市。

谨慎的融资与扩张策略

超级碗直到创业的第七年，才拿到第一笔外部投资。在2015年到2021年之间，中国创投行业快速发展，投资热情高涨，这使得超级碗更像个异类。

超级碗创业前三年一共只开了不到五家门店，团队赚到钱了才开下一家，慢慢迭代单店模型。

对这个年轻的团队来说，迭代单店模型的过程，就是不断踩坑,然后不断解决问题的过程。

超级碗曾经推出过一个叫手撕猪肉的产品,但因为消费者普遍觉得猪肉没那么健康,不太接受,最终被下架了。实际上,猪肉和不健康并无关系,也是补充蛋白质的优质选择。

除了菜式,每一家店的细节都需要不断迭代,包括后厨柜子的尺寸、冰柜的尺寸等。创业的前三年,超级碗团队都觉得还没找到可以放心扩张的单店模型。其实第一家店的生意蛮好的,一开始也有投资人来找。但在团队准备好之前,他们拒绝了外部融资。

超级碗团队不是一个以资本化或者快速扩张为目的的团队,创始人更多是想要扎扎实实把店开好。截至2024年年底,超级碗在创业9年内共开设超过100家门店,这个速度在中国确实不算快。

超级碗的创始人经常和我说,总觉得慢一点就更踏实。超级碗对标的美国品牌Chipotle[一],过去30年开了3 000家门店,这个数据在中国市场听上去也不是特别亮眼。

我去日本考察的时候,听萨莉亚刚退休的前CEO分享,萨莉亚在成立后的前20年间也只开了100多家店;后面30年

[一] 全称为Chipotle Mexican Grill,美国知名快餐连锁店,1993年成立,2006年上市,主打沙拉、卷饼等墨西哥风味快餐。

开了 1 400 多家店，所以萨莉亚是用 50 年开了超过 1 500 家店。

但餐饮业的发展速度确实整体上在变得更快。相比日本，中国的数字化变革给企业带来了效率的提升，互联网的普及和消费需求的迭代更加速了餐饮业的变化。

在萨莉亚发展起来的年代，日本的一个品牌想变得全国知名，可能要花 10 年的时间。但是在今天的中国，可能只需要一条抖音短视频。

在餐饮的各个类目当中，奶茶和咖啡因为制作过程的标准化程度高，所以品牌开店更快，行业发展更迅速。相比奶茶、咖啡行业一个品牌动辄万店，快餐的标准化和自动化程度更低，前期要下的功夫更多，洋快餐在中国快餐市场依然是主流。虽然中式快餐也出现了老乡鸡和米村拌饭这样发展迅猛的品牌，但是哪怕是这些头部快餐品牌，门店数还是远远不如麦当劳、肯德基。像老乡鸡这样的品牌，突破 1 000 家门店已经是非常了不起的成就。

值得思考的问题是，中式快餐和洋快餐之间的距离还有多远？包括超级碗在内的中式快餐品牌，未来的发展空间有多大呢？欢迎在作者简介处找到联系方式，和我分享你的观点。

本篇内容得益于和 FOODBOWL 超级碗创始人高松的深度交流，感谢他的分享。

户外热潮
冲锋衣的功能时尚化

分析完吃喝,我们来看看另一个在日常生活中无处不在的基础消费需求:服装。

服装行业变化迅速,各种时尚风格你方唱罢我登场,各领风骚两三年。但该行业依然存在一个跨越周期的大趋势:运动风格的服装正在不断蚕食其他时尚服装的市场份额。

过去很多年里,在全球的服装行业中,表现亮眼的大都是运动品牌,无论是国外的耐克、lululemon,还是国货品牌安踏和李宁。

健康意识驱动运动参与率不断提升

在一个越来越注重健康的社会里,老百姓的运动参与率将会不断提高。从日本的历史和经验来看,下面几个运动的细分领域在未来的中国市场仍然有很大的发展空间。

第一个细分领域是户外露营。 户外露营近年来在国内非常流行。

但中国户外露营的发展情况与日本有所不同。目前中国的户外露营更偏重于时尚,人们倾向于在社交平台上分享,以此来展示自我的生活方式。而日本的露营更多是日常生活的一部分,人们为了摆脱城市的压抑感,更愿去大自然中放松身心。

未来中国市场的趋势也是将拥抱大自然作为生活的一部分。这一趋势在 20 世纪 90 年代的日本曾经发生过,当时日本社会户外露营活动崛起,人们不再追求刺激性,而是更喜欢安静平和的活动。例如,登富士山的人数在减少,但是日本国家公园的访客数量在上升。在一个人口日益老龄化的社会中,人们更倾向于平和的活动,而不是冒险地追求登顶。

第二个细分领域是慢跑和骑行。 这个领域的发展势头良好,国内外都有很多人对此感兴趣。

有家中国企业家创办的日本骑行旅游公司很有意思。这家公司名为 MAY 31CYCLING，这个名字来源于历史上首次正式自行车赛事的日期。MAY 31CYCLING 提供的服务是在日本的郊外或风景优美的地区，如北海道、九州等，组织为期五六天或一周的骑行旅游活动。公司负责安排整个骑行路线，提供后勤保障和引导服务，让参与者在骑行的同时享受沿途风光。

这种结合运动和旅游的项目收费较高，每人费用一般超过 1 万元人民币，而且不包括机票住宿费用，只包括当地以骑行为主题的活动安排。

亚瑟士（ASICS）是一个日本国民级运动品牌，在中国也有规模很大的业务。亚瑟士过去 30 年发展良好，尤其是近两三年，随着日本股市的上涨，其股价一度创历史新高。由此可见，即便在日本经济增速放缓的背景下，仍有消费品牌能够实现显著增长。

除了亚瑟士之外，运动领域的其他品牌，比如 Snow Peak（雪诺必克，被称为露营界的爱马仕）、Montbell（日本国民级户外品牌），也都在过去 30 年中不断发展壮大。

可以看出，哪怕整体经济增速放缓，如果选择一个有发展潜力的行业，仍然充满机会。

第三个细分领域是健身房。 这也是一个在运动板块表现良好的市场。

在中国,乐刻运动是代表性的健身品牌,近年来发展得很好。乐刻运动提供的是大众化、价格亲民的健身房服务,月费在 100～300 元之间,年费在 2 000～3 000 元之间。

在日本,健身房行业发展得很好,并且更加细分。日本已经出现了专门针对老年人,尤其是 60 岁以上女性的健身房。这些健身房的设计不强调肌肉锻炼,而是注重保持身心活力和健康,将健身与日常护理相结合。

这些健身房通常位于交通便利的地方,如地铁站附近,面积不需要很大,因为老年人不需要太多器材和设备。日本的老年人更有经济实力,他们愿意在保持健康上投入金钱,因此在健身领域有着明确的消费意愿。

这三个细分领域共同的特点是,它们都是较为安静的运动,不像足球或篮球那样需要高组织成本和集体参与。这些运动也不太喧闹和嘈杂,就是一种日常的生活方式。

日本还有一些广受欢迎的运动项目,如滑雪和高尔夫,但它们并不是近二十年增长得最多的运动。

我对这两种运动未来的发展趋势持谨慎态度,因为它们是"顺周期"的消费行为。这些运动花费较高，需要专门的场地，而且具有一定的炫耀性，因此在经济发展良好时表现较好。

当经济增速快时，滑雪和高尔夫发展迅速；但从日本的历史发展情况来看，随着经济下滑和人口老龄化，这些运动的热度下降了。中国的独特情况是，社交媒体的传播力量增强了滑雪和高尔夫的分享价值，相关运动场景适合被人们用于在社交媒体上展示自己，而跑步这样的日常运动在社交媒体上的关注度较低。

然而，从大众消费者的角度来看，滑雪和高尔夫成为日常生活一部分的空间有限。相比之下，户外露营、慢跑和骑行以及健身房这三个细分领域在日本经济下行和人口老龄化过程中已经验证了其增长潜力。

运动服的爆款单品：冲锋衣

在运动领域衍生出的所有市场里，服装肯定是最大的市场之一。

运动鞋服领域有很多细分类目，冲锋衣、防晒衣、篮球鞋……每过两三年，大火的产品都不同，但如前文所述，健康化的大趋势是稳定的。

这一节我们来重点分析近年来国内运动服装市场火爆出圈的大单品：冲锋衣。

冲锋衣的破圈之旅

冲锋衣原来只有硬核的户外爱好者才会买，而且哪怕是这群爱好者，也不会在日常生活中穿冲锋衣。

近年来发生了一个重要的变化，就是冲锋衣变得更加大众化和主流化。直白地说，就是冲锋衣出圈了。它成功下沉，成了许多老百姓日常生活当中的必备单品。

我们走在街上，可能会发现穿冲锋衣的路人比例逐年升高。得益于冲锋衣的热潮，在2024年的"双11"期间，不少户外运动品牌的业绩实现了同比大涨。2024年天猫"双11"活动开始4个小时后，15个户外运动品牌的GMV破1亿元，1 388个品牌成交翻倍，冲锋衣实现了逆势爆发。

作为消费投资人，我的思考逻辑里非常重要的一点，就是观察小众需求的主流化。这句话怎么理解呢？大众最熟悉的案例当然就是泡泡玛特。过去两年，冲锋衣也经历了从小众走向主流的过程。

中国的市场实在太大，一个品类如果成功破圈，带来的商业机会是巨大的。大量户外运动品牌已经创业十多年了，在圈子里面都小有名气，但是大众根本不知道。直到最近两三年，它们才真正成了大众品牌。

高端引领与平价崛起

关于户外运动品牌的破圈，最重要的案例，当然就是号称"户外爱马仕"的始祖鸟了。很多人买始祖鸟冲锋衣的逻辑和买奢侈品类似：虽然价格贵，但好歹得有一件。

始祖鸟几乎凭借一己之力在中国开创了运动奢侈品，或者简称"运奢"的领域。它是一个创立于加拿大的品牌，后来被安踏集团收购了。被收购后，始祖鸟在中国发展得越来越好，它的会员数量从 2018 年的 1.4 万人发展到 2024 年的 170 万人。

截至 2024 年年底，始祖鸟在中国的门店数只有 120 家，但是它在中国市场的营收已经超过 50 亿元，而且每年还以超过 50% 的增速向前发展。按照这个速度，始祖鸟在中国的营收超过 100 亿元只是时间问题。

始祖鸟的产品售价动辄大几千元。如果整个冲锋衣市场都是这样的高端品牌，这个品类也没有办法实现大众化。

得益于我们国家强大的供应链实力，市场上出现了大量售价仅为始祖鸟产品十分之一的冲锋衣。对于普通消费者防水、防风、保暖的日常使用需求，这些冲锋衣都能完全满足，跟始祖鸟产品相比，几百元的冲锋衣穿起来感受不到太大区别。

始祖鸟的平替因此也成就了更大的冲锋衣市场。始祖鸟教育了市场，让大量品牌得以生长——就像当年星巴克让中国消费者更广泛地接触到了现磨咖啡的消费场景，同时其高溢价给了中国咖啡品牌砍价的价格锚点。

在所有的冲锋衣平替当中，最著名的品牌之一当然就是国产品牌骆驼。

很多网友开玩笑说，当下大街上能看到的"骆驼"比沙漠里的骆驼还要多。大街上的"骆驼"，指的就是来自广州市的平价冲锋衣品牌——骆驼。

按照销量计算的话，骆驼早已是全球第一名的冲锋衣品牌。得益于冲锋衣红利，骆驼这两年一直位居天猫和抖音"双11"户外品牌排行榜的第一名，2024年其冲锋衣的线上市场份额超过30%，具备压倒性的优势。这个成立了很多年的国产平价品牌，前面很多年一直不温不火。但是靠着这两年冲锋衣的真正出圈，它吃到了最多的红利，目前其一年的营收超过百亿元。

骆驼的成功，很大程度上是因其把"三合一"冲锋衣这个细分品类做到了极致。所谓"三合一"，就是一件冲锋衣外套加一件羽绒或者抓绒的内胆，两件衣服可以一起穿，也可以分开穿。一件"三合一"冲锋衣能适配不同的环境。

"三合一"冲锋衣的流行，并非只源自户外运动的需要本身，还属于匹配中国国情的微创新——买一套衣服满足多种场合使用，方便又高效。

"三合一"冲锋衣不是骆驼独创的。商业领域的竞争，比的从来不是谁先发明，而是谁能做得更好。骆驼成功将一种更适合中国消费者的产品，在一个合理的价格区间内发扬光大，最终吃下市场红利。

在一种好产品上赚到最多钱的公司，未必是它的发明者，而是能够把它推向更多主流消费者的公司。硬壳冲锋衣固然适合极寒天气，但舒适度较差，难以适应日常的穿着需求。在品类主流化的过程中，市场更青睐适合更多消费者的微创新产品。

小众品类在走向主流的过程中，一定要根据主流消费者的需求调整产品。国内的冲锋衣消费者，大部分不是户外的硬核爱好者。骆驼的产品非常适合日常通勤穿着。

中坚力量的崛起

在最高端的始祖鸟和最大众化的骆驼之间，中间档次的国产品牌也正在崛起。

相比无糖茶市场，冲锋衣市场的优势在于价格区间更广，从面料到品牌，能兼具功能性和奢侈品属性，能够容纳的品牌更多。从 100 元到 5 000 元，每隔 500 元就能划分出一条价格带，且每条价格带都已经有对应的产品出现。

价格区间更广带来的好处是，品牌之间的价格战不会特别激烈，大家都有各自的目标群体和生存空间。例如凯乐石的部分高端产品，号称其性能接近顶级水平，但价格几乎只是始祖鸟的一半；还有大部分产品在千元价位内的伯希和与探路者。过去两年，这些品牌的业绩都在迅猛增长。

很多人做生意，喜欢看到什么东西火了就一拥而上，但往往这个时候已经晚了。我相信这些品牌在成立的时候，没法预测到最近两年的户外热潮，只是一直在热爱的领域里默默耕耘，终于等到了起飞的一天。

冲锋衣的热潮会否昙花一现

分析到这里，我们要问，冲锋衣的爆火是可持续的吗？

要回答这个问题,我们就要思考消费者为什么买冲锋衣。冲锋衣的属性大概可以分成两种:功能属性和生活方式属性。

冲锋衣的功能属性是针对户外场景设计的,对于日常生活,大部分的功能都用不上。平时在城市里生活的人,对防风、防水的要求没有那么高。

最早的冲锋衣都是硬壳的,硬壳冲锋衣性能好,但穿上去不是那么舒服。不过,国产品牌非常擅长微创新,这几年也有越来越多更加舒适的软壳冲锋衣出现。

我曾经投资了两个品牌,一个是面向儿童市场的HeyBetter,另一个是面向年轻女性市场的安欧兔。这两个品牌针对各自的客群,分别推出了软壳冲锋衣,都取得了不错的成绩。

为什么尽管冲锋衣未必舒适,消费者还是对它趋之若鹜呢?因为消费者需要一个代表新一代生活方式的社交符号,例如热爱大自然、喜欢进行户外运动,这个符号对很多消费者来说是有吸引力的,因为它能够呈现一种健康的生活方式,相关内容发布在社交媒体上面更加容易受人关注。很多人攒钱去买始祖鸟,就是为了在社交媒体上展示。

冲锋衣的功能属性固然重要,但更加吸引消费者的是冲锋衣所代表的生活方式,也就是其生活方式属性。

不少网友开玩笑说，冲锋衣是男人最好的医美，它已经变成了一种新的时尚潮流装备。很多人觉得穿着冲锋衣拍照又酷又飒。经过大量博主的种草，冲锋衣吸引了很多追求这种风格的消费者。

冲锋衣品牌出名之后，就有更多的资金去请顶流明星代言，实现自我强化。由当红明星代言的冲锋衣广告在繁华地段一铺开，就能吸引更多本来对运动户外品牌不关注的消费者。

越来越多的服装品牌进入冲锋衣这个赛道，给服装行业带来了不少变化和震动，最直接的例子就是影响了羽绒服市场。

在 2024 年"双 11"期间，冲锋衣已经抢占服装行业销售额的榜首，超过了羽绒服，成为消费者冬季购买服装的首选。

在过去很长一段时间内，羽绒服都是主流消费品类，而冲锋衣只是一个小众品类。在消费者的心目中，羽绒服的保暖属性更加深入人心。

然而，2024 年与 2025 年之交的冬天整体而言是一个暖冬。暖冬不利于羽绒服的销售，羽绒服大部分的销售额都集中在冬季，很多羽绒服品牌一年只做几个月的生意，如果应季的产品卖不掉，要等大半年后才能把库存清掉。所以羽绒服品牌面临的库存压力是非常大的，很多看上去风光的羽绒服品牌，实际上都深受库存之苦。

连国货羽绒服品牌的第一名波司登也在强势进入冲锋衣市场，希望能够找到自己的第二曲线。波司登的广告语叫作"畅销 72 国"，它很努力地把自己打造成一个有国际范的品牌，以期通过提升品牌形象使产品价格越来越高，从而成为一个真正的高端品牌。

但这种高端化的战略也被很多消费者所诟病。大家不理解为什么买一件国货品牌的羽绒服要花好几千元甚至上万元。

波司登感受到市场的压力，也在寻找新的突破点。例如，2024 年波司登推出了自己的"三合一"产品，售价 2 699 元，市场反馈非常好，订单暴增。在商场里，波司登这个羽绒服品牌，也正在开出越来越多的户外冲锋衣的专门店。

从服装行业历史上的爆款周期来看，我对冲锋衣行业发展的预测是：未来两三年，这个行业狂奔式的发展即将结束。这并不是说冲锋衣是伪需求，而是越来越多的品牌看到了冲锋衣这个市场机会，都会纷纷冲进来，供给会越来越饱和。

关于中国的商业竞争，有一句话说得非常到位：需求的发展决定了行业参与者的收入，但是供给的激烈程度会决定行业参与者的利润。

从供给端的角度来看，随着入局的品牌越来越多，竞争越来越激烈，品牌的利润不可避免地会下降，冲锋衣行业也会逐步回归理性。而从需求端的角度来看，过去两年很多消费者都购买了不止一件冲锋衣，不可能每年都大量购买，消费者也会回归理性。

从长期来看，冲锋衣行业的发展速度会跟户外运动在中国的渗透率保持正相关，长期依然看好。消费者会越来越多地走向户外。但过去两年冲锋衣行业的狂飙突进，除了源于户外运动的基本面向好，更多是时尚潮流所驱动的。

作为消费者，你选择购买冲锋衣的原因是什么？是以功能属性为主，还是以生活方式属性为主呢？欢迎在作者简介处找到联系方式，给我留言分享你的想法。

趋势三
圈层化

中国市场不是一个整体，而是各个圈层的交错。

近年来，我越来越深刻地感受到，观察中国的商业趋势，不能将其当作一个整体来分析。

在描述商业现象的时候，很多人常用的一个流行词叫作"破圈"。什么叫破圈呢？我们仔细思考一下这个词，它反映了中国不同圈层的消费者的习惯、认知和消费能力完全不一样。你能服务好这个圈层的消费者，不一定能服务好另一个圈层的消费者。

因此对企业来说，能实现破圈似乎是一个高级的褒奖：这意味着这个企业能够同时服务不同的圈层。中国是一个由非常多且不同的圈层共同构成的社会，跟日本曾有的"一亿总中流"有非常大的区别。

日本一亿人口的商业趋势，对中国一二线城市更有参考意义，因为二者在消费者习惯等方面可比性更高。

这给我们的启发在于：在中国，圈层的差异替代了时代变迁。

日本不同时代的商业现象，会在中国的当下集中呈现，只是不同时代对应的圈层不一样。

我们对中国消费者特征的理解和对商业趋势的分析，都要建立在对圈层化的理解基础之上，不要轻易给全体中国人下定义。

简单地说，任何描述中国市场的宽泛结论，都是以偏概全。例如"中国正在消费降级"，或者是"中国人普遍不消费了"。如果有人提出这样的观点，那就不值得继续听下去。显然，类似的看法忽略了中国商业的复杂性——中国幅员辽阔，消费者需求分层，不同城市和人群的消费现象呈现出极大的差异。

除了人口和地理环境的复杂性，圈层化趋势产生的原因还有传播环境的变化。

小红书和抖音等平台通过算法推荐，让每个圈层的消费者看到的世界都不一样，是千人千面的。算法的机制是根据用户的行为猜测用户喜欢的内容，并加以强化。相信每个人都有类似的社交媒体使用经验：你给某一类内容点赞后，平台会给你推荐大量的类似内容。哪怕是广告，每个人看到的都不一样。这样的机制，使得圈层之间的兴趣差异和消费偏好差异被放大。

在这样的算法机制出现之前，人们身处的是以电视为代表的中心化传播环境，每个人看到的信息是高度同质化的。信息接收的同质化，会使得大众的消费偏好也趋同——都会被电视台的同一条广告影响。

因此，算法驱动的社交媒体的普及，大大加速了圈层化趋势。

圈层化导致的一个直接结果，就是每个品牌都需要有自己清晰的服务群体，一个品牌能满足所有消费者需求的时代正在过去。

这未尝不是一件好事：在中国，企业可以专注于特定消费群体，而且市场足够大，不需要过分担忧瞬息万变的宏观形势。

我们可以大致把人们的消费行为分为基础性刚需消费和改善型消费：前者是日常生活的基础，例如农夫山泉矿泉水和海天酱油满足的就是中国人的刚需；而后者是百花齐放，每个人都有自己的偏好。

圈层化趋势在改善型消费需求中体现得最为明显。对不同圈层而言，改善型、非刚需的消费的差异性远大于相似性。

运动鞋服
人群细分与品牌集团化

运动休闲类消费就是典型的改善型消费，运动鞋服领域则是体现圈层化趋势的典型代表。这一节，我们以李宁作为典型案例来切入，看看圈层化趋势对运动行业的发展产生了怎样的影响。

李宁的发展起伏

过去十多年，李宁品牌的起起伏伏，是中国商业史上的经典案例。

李宁公司从上市至今，业绩经历了剧烈的震荡与起伏。

2013年李宁公司市值最低的时候，其股价只有不到3港元；2021年李宁公司市值达到巅峰时，其股价则超过了100港元，市值也飙升到了近3 000亿港元。2024年年底，李宁公司的股价跌到15港元，市值为400亿港元左右。

李宁公司2024财年的财报显示，其营收为286.76亿元，同比增长3.9%，净利润为30.13亿元。相比2022年疫情防控时期其取得的40.6亿元的净利润，现在的发展趋势确实称不上乐观。

复盘李宁公司的发展史，我们还要先回到2008年。当时李宁先生作为主火炬手在北京奥运会的开幕式上点燃了主火炬，可以说是运动员荣誉的巅峰。这也为李宁先生所创办的运动品牌带来了梦寐以求的免费流量，"李宁"不再只是单纯的品牌名字，更承载了消费者发自内心的民族自豪感。

"李宁"二字因为有奥运会冠军、北京奥运会主火炬手的加持，而拥有了海量的无形资产。这种无形资产的建立，产生于当年以电视为代表的中心化传播环境，因而可以在国民记忆中形成共识。

在信息传播去中心化的今天，新诞生的奥运冠军在影响力上根本无法与李宁比肩。

不难看出，李宁的单一品牌战略，曾经和当年的信息中心化传播环境非常匹配。

2008年之后,李宁业务发展进入快车道,2010年的营业额已经达到近95亿元。

成功之后,问题也随之出现。困扰鞋服品牌发展的"老大难问题"——库存问题,也出现在李宁品牌身上。2013年,李宁公司的营业额相比2010年的跌掉近一半,只剩58亿元出头,由于库存太多,公司还额外花掉十几亿元将卖不出去的存货从经销商手中回购回来。

成也国潮,困也国潮

在经历了几年的低潮期之后,李宁公司迎来了再次崛起的机遇。2018年2月,美国时尚设计师协会(CFDA)联合天猫以及迅驰时尚举办了一个名为"纽约时装周天猫中国日"的活动,邀请中国品牌到时装周走秀,向世界展示中国的设计理念与设计风格。为了参加此次活动,李宁特意设计了一批用于该活动场合的走秀服饰,与主品牌的运动风格相区分。

李宁品牌走秀服饰的灵感部分来自创始人李宁参加奥运会所穿的中国队队服,复古的设计风格与"中国李宁"的标识一起引爆了网络,迅速登上了热搜,被无数网友转发求链接。

纽约时装周系列产品的反馈之好超过了李宁公司的想象，于是它将此次的设计转变为常规的产品线，并持续追加订单，还以此为起点创办了单独的子品牌"中国李宁"，单独开设门店售卖以复古潮流为标志性设计的产品。

"中国李宁"帮助品牌同时实现了时尚化、年轻化与高端化这三大目标。相比强调功能性的专业运动服饰，"中国李宁"更像是一个潮流品牌，被很多追求时尚的年轻消费者青睐。

这些年轻消费者并没有看过李宁先生比赛夺冠，对于2008年北京奥运会的点火仪式也没有深刻印象。"中国李宁"的出现，使原本在年轻消费者心中模糊的品牌符号清晰起来，在某种意义上甚至可以说是重建了李宁的品牌形象——李宁品牌带给年轻消费者的第一印象就是酷酷的国潮风。

在"中国李宁"出现之前，李宁品牌想要入驻北京的三里屯太古里这样的高端商场几乎是不可能的。但"中国李宁"受到了高端商场的欢迎，门店开到了国际大牌云集的位置——这甚至可以说是代表了中国品牌在高端化上的进步。"中国李宁"的定价也对标国际知名品牌，联名卫衣一度售价在 500～1 000 元，秋冬系列的外套售价一度超过 1 000 元。

在取得巨大成功的同时，李宁单一品牌走天下的弊端也开始显现——李宁公司无论做什么新业务，都要冠以李宁之名，但一个品牌很难覆盖各种细分需求场景。

可以说，成也国潮，困也国潮。

具体来说，"中国李宁"的国潮时尚属性极大地干扰了李宁品牌的专业度。其实李宁在多年来对标耐克的过程中，在跑步和篮球领域有自己很强的专业功底。过强的潮流属性让李宁更像是一家时尚设计公司，而不是专业运动品牌。

消费者心中有一杆秤：让专业的归专业，让时尚的归时尚。一个品牌很难兼顾专业度与时尚性。从2022年开始，李宁的管理层也在有意识地降低国潮对公司整体的重要性，甚至此后的财报中再也没有出现过"国潮"这两个字。

绑定"中国"二字也给李宁带来了更大的舆论风险。对代表中国的品牌来说，像李宁曾经遭遇的"李宁新品被指像日军军服"这样的话题事件给公司带来的危险是致命的。以安踏集团旗下的品牌斐乐（FILA）为例，作为一个源自意大利的品牌，消费者并不会过分苛责品牌设计中的意大利元素，甚至很多人不在意斐乐到底属于哪个集团。

2023年之后，李宁的业绩再次陷入低迷，曾经笼罩集团的"库存阴影"再度出现。对鞋服品牌而言，库存堆积是非常危险的信号，如果出货发生问题，导致需要打折清库存，那么不仅高端的品牌形象会遭受损害，消费者也将厌恶曾经正价购买的决策，进而将品牌划入"有折扣才会购买"之列，使公司业绩进入负面循环。

李宁单一品牌战略遇挫

从上文的分析可以看出，李宁一直坚持单一品牌战略，哪怕它孵化了子品牌"中国李宁"，两者在名称上也没有显著区隔，对消费者来说容易与主品牌混淆。

近年来，李宁为了探索高端化市场，还推出了另一子品牌"李宁1990"，以运动复古的设计风格进军高端轻奢女性市场，产品单价基本在1 000元以上。李宁希望在男性定位之外，补足主品牌在目标消费者上的薄弱环节。

然而，具备购买力的年轻女性消费者为什么要把自己和"李宁"这个名字绑定在一起呢？"李宁1990"能否顺利发展非常值得存疑。

更本质的问题在于，单一品牌战略对于李宁公司是非常本质且重要的战略坚持，公司不愿意将注意力分散在不同的品牌上，始终丢不掉"李宁"二字。

李宁本人曾在公开场合表达过，他认为只有坚持走统一品牌路线，才能把李宁品牌打造成中国最受人尊敬、最有影响力的品牌。

在圈层化大趋势下，消费者需求正在不断细分，这样的坚持是值得商榷的。在服装这个快速变化的市场里，为什么不尝试全新的品牌和全新的定位，然后给消费者提供更多元的产品呢？

在单一品牌战略下，李宁错过的另一个风口是户外浪潮。上文分析过，随着冲锋衣在消费者生活中的渗透率显著上升，户外浪潮是运动品牌的重要发展机遇。但消费者选购户外服装时，很难想起李宁这个品牌。

在圈层化大趋势下，李宁的单一品牌无法覆盖不同的用户圈层，导致无法抓住运动行业蓬勃发展的细分机遇。

和老对手安踏的多品牌战略相比，当下李宁的单一品牌战略显得顾此失彼。

安踏的多品牌战略

李宁的老对手安踏，早就开始进行多品牌布局了。

在圈层化大趋势下，多品牌布局可以更好地满足不同群体的运动消费需求。

安踏集团旗下两个大品牌,第一是主品牌安踏本身,第二是斐乐,这两个品牌的年销售额都超过200亿元。

虽然主品牌安踏的业绩依然在集团内排名第一,但根据安踏集团的2024年业绩公告,它对于整个集团营业额的贡献比例已经低于50%;收购来的斐乐在业务体量上与主品牌安踏在同一量级,甚至其利润贡献一度更大,但近年来斐乐的业绩压力也越来越大,增长变得困难。

安踏集团内近年来增长最快的,是集团品牌矩阵里的其他规模更小的品牌。无论是迪桑特、始祖鸟还是萨洛蒙,在过去两三年里都取得了优异的成绩。

近年来,安踏集团内增长最快的一个品牌是韩国户外运动品牌可隆。其销售额在整个安踏集团内只排到第5名左右,但是2024年其销售额的同比增速据说达到40%。

上述这些给安踏集团贡献了极大增量的主品牌之外的品牌,都不是安踏从零开始打造的,而是从海外收购而来,或者是经原品牌授权而获得其中国地区经营权的。

可以清晰地看出,安踏集团内部不同品牌在风格和目标消费群体上有着较为显著的区隔:始祖鸟主打户外品牌中的奢侈品定位,斐乐的时尚潮流属性更强,迪桑特更加专注于中高端男性商务群体,可隆则是面向女性的轻户外定位。

细分品牌发展得好，而主品牌增长遇到困难，这揭示的是用户的需求越来越多样化。

安踏的中台化组织能力

要实现多品牌经营，并不是嘴上说说那么简单，要做好落地难度很大。中国能做好多品牌集团化经营的企业，直到现在也是凤毛麟角。

为了让多品牌经营顺利落地，安踏在组织上也相应升级，把公司组织分成了中台和品牌两部分。

打个比方，一个集团推出了几十种口味的方便面，可以把面饼理解成中台，每一份的功能都差不多，但每个口味的调料包是不一样的，它决定了这份面的口味，这就是每个品牌要负责的事。

先看中台。中台类似集团内部的服务者，帮品牌们免除后顾之忧。

安踏把什么类型的职能放到中台里了呢？安踏设立了集团生产、集团采购、集团职能、集团零售和集团电商五大中台。这些都是不同品牌可以共用的能力，在集团层面统一发力，能享受到单一品牌没有的规模效应。

生产中台和采购中台不必多说，职能中台主要是负责人力、财务、法务这些基本的公司职能。

安踏把批发商管理、实体店铺运营、电商渠道运营这些能力都放到了零售中台和电商中台里，去赋能所有的品牌。比如，始祖鸟没有太多在中国扩张的经验，通过这两个中台，安踏可以迅速帮它做好选址、对接商场，以及规划电商投放策略这一系列运营工作。

当然，可以放到中台的职能，并不算品牌的核心职能。这里的核心职能指的是会直接影响消费者是否喜欢并购买这个品牌的某部分工作——这才是一个品牌的核心价值和竞争力所在。

接下来，我们看看品牌。安踏集团内部近 20 个品牌被归到了专业、时尚和户外三大事业群之下，分别是以主品牌安踏为核心的专业运动事业群，以斐乐为核心的时尚运动事业群，以亚玛芬体育旗下品牌为主的户外运动事业群。

为什么要把这近 20 个品牌分别放到三个事业群里呢？

我觉得好处主要有两点：第一，同类品牌彼此之间有更强的协同效应；第二，头部品牌可以带动腰部品牌，腰部品牌也能比单打独斗争取到更多资源，不然肯定是头部品牌更占优势。

那放在前台的事业群的核心职能都有哪些呢？

有两点，打造产品和品牌营销。这两点核心职能定义了"品牌是谁""用户如何理解你"这些最关键的问题。

众所周知，公司大了就容易速度慢。而中台模式能在一定程度上解决这个问题，各个品牌能专心地从用户的需求出发去设计产品，快速地去响应需求，保持品牌活力。

得益于安踏集团的多品牌布局，各品牌覆盖的圈层更丰富，抗风险的能力更强。例如，始祖鸟、迪桑特和可隆都在户外运动这个大领域，但它们满足的需求又各自有差异。

在圈层化大趋势下，安踏集团通过多品牌战略覆盖不同的场景、不同的人群、不同的价格带和不同的风格，是更加合理的做法。

每个圈层都有属于自己的运动品牌

随着消费者的需求变得越来越个性化，未来的运动市场将越来越圈层化，每一个消费者群体都会有属于自己的品牌。

在经济换挡的时代背景下，依然增长的品牌，通常都是抓住了行业内最有价值的垂直细分需求。

以前经济发展迅猛的时候，很多投资人会认为只有千亿级甚至万亿级的市场才值得关注，对于百亿级市场都觉得规模太小了。

我并不认可这种思考方式。我认为中国没有真正的小生意，中国大部分省份的人口和市场规模都超过了大部分欧洲国家。而且当下市场竞争激烈，做宽泛人群的生意大概率结局不会好。

除了国内的安踏集团，来自北美的 lululemon 也是上述圈层化趋势的受益者。

与 30 年前在北美起家时类似，lululemon 进入中国市场先瞄准的是一二线城市的"超级女孩"。"超级女孩"指的是受教育水平比较高、收入处于中高端水平的白领女性用户。她们注重运动和身材管理，在选择运动的时候，通常偏好更加安静的运动方式。

所以 lululemon 一开始是从瑜伽裤切入，专注于满足"超级女孩"的需求，再逐渐扩散到其他品类。

与之相比，耐克显然是一个更加大而全的品牌。lululemon 2024 财年的财报显示，中国大陆市场的净营收同比增长超过 40%，这样的增长业绩领跑全球。而耐克 2024 财年的财报显示，大中华区总营收同比增长 8%。

面对同样的经济环境，两个运动品牌的营收增长差距相当大。耐克作为一个大而全的主流品牌，它反映的是社会的整体消费状态。而 lululemon 在自己的领域当中，可以借助细分需求的增长，跑出自己的独立曲线。

非常有意思的是，lululemon 在中国市场还算是一个垂直细分品牌，但在它的大本营美国市场，它已经发展为面向所有人群的主流品牌。

在今天这个时代，一个主流品牌的下场很有可能是它的市场被很多后来的挑战者、非常多的垂直细分品牌瓜分。所以，lululemon 在美国也涨不动了，它在美国市场的业绩同比是持平甚至略有下滑的。

谁在美国市场挑战 lululemon 的市场霸主地位呢？

其中一个挑战者是 Vuori。它的定位就是面向男性的 lululemon。这个品牌获得了软银孙正义的投资，2024 年，其估值超过 50 亿美元。

Vuori 在美国发展起来之后，也进入了中国市场，在上海嘉里中心开出了国内第一家门店。跟很多男性运动品牌主打"更高、更快、更强"不一样，Vuori 在定位上虽然最初瞄准男性，但它主打的是舒适轻松。

男性上班的时候可以穿 Vuori 的服饰，下班去运动时不用换衣服，穿着同一套衣服就可以直接进健身房。它瞄准的就是男性用户这一痛点：上班的时候要穿商务装，下班后去运动要换衣服，这很麻烦。

Vuori 看上去风格比较商务，没有过多的装饰，也没有 logo，产品以大地色系为主，但产品穿起来甚至感觉比 lululemon 更加柔软。

运动市场的垂直细分趋势在美国愈演愈烈，连 lululemon 都快保不住自己的地位了。在国内，这个趋势刚刚开始。

最后也想听听大家的意见，你最喜欢的运动品牌是哪个？未来你最看好运动市场中的哪个细分领域？欢迎在作者简介处找到联系方式，和我分享你的观点。

会员制零售
山姆千亿元收入的圈层逻辑

大部分企业很难做到像安踏一样,用集团化的运作方式同时运作多个品牌,来覆盖不同的圈层。在落地过程中,多品牌经营的复杂度极高,是对企业组织能力的巨大考验。

对很多企业来说,用一个品牌深耕一个圈层,把同一圈层的消费者服务做到极致,是更加现实的选择。

这样就自然产生一个问题:如何定义企业的目标消费者圈层呢?这需要对不同圈层消费者的偏好有深入的认知。

接下来,我们通过山姆会员商店这个典型案例,来分析当下中国社会最具争议性的圈层之一:品质家庭。

山姆会员商店瞄准品质家庭

自 1996 年进入中国以来，山姆会员商店在中国开设了 50 多家门店。这个企业在五年前几乎无人讨论，而今天却成了众多企业学习的对象。值得注意的是，山姆会员商店是沃尔玛旗下的外资超市，也是为数不多的中国业务快速增长的外资品牌之一。

据报道，2024 年山姆会员商店在中国市场的销售额超过 1 000 亿元。而进入 2025 年，它才刚开始迈进加速开店期。

这一现象耐人寻味，因为大部分外企已经过了辉煌期，而山姆会员商店却依旧保持着强劲的增长势头。实际上，山姆会员商店（以下简称山姆）在过去几年里并未急于扩张，而是集中精力服务其核心圈层。

定位核心消费群体

山姆的核心消费群体，可以定义为有一定消费能力、对生活品质有所追求的家庭客群，尤其是有娃家庭。如果你不属于有娃家庭，而是还没有结婚的年轻人，或者是新婚无娃的小两口，大概率你不是它的核心用户。

关于山姆所服务的圈层，第一个关键词是家庭客群。

山姆的产品都是大包装，年轻人买回家是消费不完的，它所针对的是家庭成员较多的家庭，最合适的是多胎家庭。这样的群体对产品的品质和线下逛街的体验都会有比较高的要求。

第二个关键词是追求品质。

山姆主打的消费场景并非高频的刚需消费，而是生活品质升级的优质渠道，与其他超市形成了强差异化的定位。举个例子，消费者购买鱼类的时候，可能在其他超市购买日常烹饪的草鱼或鲈鱼，但会在山姆选购深海鳕鱼或三文鱼。

相比传统超市，消费者去山姆的消费频次较低，购入的也是非刚需产品，但山姆代表"品质生活"的用户心智很强，同类型的替代品不多，客单价和利润率比传统超市更高。

因此，山姆服务的圈层非常清晰：对生活品质要求较高，而且有小孩甚至多胎的家庭。

这两三年来，我每次去山姆购物，眼前都是人山人海。大家踊跃消费的景象让人感到经济发展欣欣向荣。当然，并不是所有超市都如此繁荣，而是山姆走出了自己的独立曲线。

采取会员制模式

更加厉害的是，山姆会员商店里面这种人山人海的景象，还是在仅付费会员才能进入的前提下实现的。

山姆的会员每年都需要续费，这种会员制模式在国外比较成熟。除了山姆以外，开市客（Costco，又称好市多）也是这种模式。这种付费会员和其他很多企业的会员有明确区别。

山姆的会员制是一个硬性的进门标准，它几乎是没有额外福利的，单纯指你不是会员就不能进去买东西。很多企业所谓的会员都是免费送的，就是找个借口多送点优惠券，希望用户勤回来。直到今天，还没有哪个中国消费企业真正学会了这种付费会员才能进门的商业模式。

山姆的竞争对手是盒马，盒马线上消费的比例非常高，2024 年达 60%～70%，所以盒马的许多用户大概率是不爱逛线下超市的。山姆的策略是希望线上和线下的消费更加平均，最好是五五开，所以它在线下设置了专属商品，例如寿司、烤鸡、牛肉卷这样的熟食，只有到线下门店才能买到。

山姆还设置了很多试吃的摊位，一家老小一起去逛时，尤其是小朋友会非常喜欢这种试吃的体验。

这些都是山姆为了吸引会员常来线下超市，所设置的线上没有的用户体验。这就解释了山姆的会员费为什么从来不打折。

本质上，山姆的初级会员就是个进门的门槛。高级会员多了消费金额的 2% 的返点，但除此之外几乎没有更多活动。

这个思路的背后，是山姆对自身核心消费群体的重视。它不希望把消费群体过分扩张，让所有人都来买东西，因为这样反而会损害核心消费群体的体验。

这个思路真的很有意思。中国大部分企业的思路都是尽可能把门打得越开越好，让所有人都来买东西，而且尽可能搞各种各样的折扣促销活动。现在"双11"要持续一个月以上，各种促销打折活动让消费者应接不暇。

很多人对一门好生意的理解就是快速增长、受众空间广阔，恨不得全国人民都是目标用户。

在这样的商业氛围中，山姆是那个独特的例外。有人说山姆这样做就是为了多收会员费。简单算一笔账，目前山姆在中国累计有800多万名办卡会员，如果所有人办的都是初级会员卡，260元一年，那么每年山姆光是会员费收入就有约20亿元，这20亿元几乎是纯利，没有什么成本。

但我认为这种观点把结果和原因颠倒了。山姆能赚这个钱不是它坚持专注于服务其核心消费群体的原因，而是它坚持这么做的结果。

山姆如果打开门做所有人的生意，就会牺牲核心消费群体的体验，就很难留住他们。山姆把服务的焦点只放在品质家庭这个圈层上，会使得这个圈层越来越喜欢它。

实际上，好的商业模式不仅在于其覆盖的广度，更重要的是其挖掘的深度。所以说，不要拼命去服务所有人，而是要先舍弃不属于自己的人群。

山姆在中国的发展：深耕产品，慢就是快

山姆虽然1996年就进入了中国，但直到2024年年底，它才在25个城市开出了50多家店。

在这种情况下，大量的二三线城市并没有山姆会员商店。例如在整个东北三省，只有辽宁省有山姆，吉林省和黑龙江省的消费者要想买山姆的东西只能依靠代购。

哪怕是香港，作为一个国际化大都市，也没有山姆，所以香港的街头甚至出现了山姆的代购店。

早年山姆在中国是买地开店的。随着地产价格的上升，后来它跟各地的政府合作，政府为了招商引资，会提供较为低廉的土地租金。要开一个山姆会员商店，配套需要的停车场面积甚至比门店的面积还要大，在这种情况下，很难在寸土寸金的香港开店。

山姆会员商店的稀缺性，使得单一门店的业绩可以高得让人惊讶。

我在调研过程中发现，全世界范围内营业额最高的山姆门店就在中国，即深圳福田店。这家门店创下过一个纪录，一天的销售额突破 1 亿元，这是一个非常夸张的数字。

山姆也不是故意制造稀缺性，而是它的经营逻辑需要更长的时间沉淀。

进入中国的前 20 年，山姆自行开发了大量匹配中国市场需求的专供产品，产生了很多大家耳熟能详的爆款：青柠汁、瑞士卷、烤鸡、麻薯、芝士牛肉卷，等等。这些产品大浪淘沙沉淀下来后，成为区分山姆与其他超市的重要差异来源，是吸引消费者办会员卡的核心原因。

山姆内部把这些进店必买的爆款产品称为"英雄单品"。山姆相信，如果新产品太容易被研发出来，说明没有冒险，也就无法制造出让会员流连忘返的"英雄单品"。

"英雄单品"是山姆独有的，无法全网比价。当消费者在各家超市之间比较的时候，想到山姆，比的就不是性价比或者方不方便了，而是差异化。最终山姆得到的优势，除了会员越来越强的黏性，还有更健康的利润率。

山姆的爆款产品旨在提升消费者的生活品质，严格来说，它们不属于高频刚需。消费者每周甚至每月购买一次就足够。

研发优质的自有产品需要的周期长，见效慢，还只能服务特定的会员群体——很长一段时间内，这样的生意模式显得不"性感"。

大部分中国生鲜超市，追求的是"高频刚需入口"，恨不得包办消费者的一日三餐。每日优鲜就是这样的企业，融资十几亿美元一度风光上市，然而产品没有差异化，用户忠诚度低，最终破产倒闭。

从山姆的发展过程中，我们可以看出一个看待生意时非常关键的思考方式——取舍。

我一直在思考，如果说商业世界有四大经营目标——做得大、做得快、做得好、做得久，究竟哪一个目标更值得优先追求？

不同的企业在不同的时期，会有各自不同的答案。在红利遍地的时代，大多数企业更加追求规模和速度。时代红利消失之后，会有更多类似山姆这样的企业，把做得好放在首位。

好的生意，不能局限在互联网时代的思维框架里，即靠补贴来获取用户，以做大销售额和销售订单量，至于有没有利润，在早期并不在意，到后面再说。但不是先有了用户量，之后就一切都会有的。

做得好和做得快也并不矛盾。很多时候慢就是快。一开始大家看不懂，等反应过来之后，领先者已经一骑绝尘。

少子化时代，山姆的业绩会受影响吗

虽然山姆的业绩优异，但是很多人曾经认为，品质家庭这一圈层定位不是好选择，因为中国的结婚率和生育率正在下滑。

汽车行业的理想汽车和山姆服务的圈层非常相似，都是有娃的品质家庭群体。在理想汽车融资时，许多投资人提出过一个问题：随着中国结婚率和生育率的下降，品质家庭这一细分市场是否依然具有足够的潜力？

这一问题反映了对"圈层化"消费趋势的疑问，也确实是个真问题，值得进一步展开探讨。

对这个问题的回答，需要具体判断圈层群体的消费潜力。

可以来直接算算账。山姆在中国市场 2024 年的销售额超过 1 000 亿元，其会员规模在 800 万名左右。这 800 万名会员在中国总人口中的占比不到 1%。不管未来生育率如何，山姆只需要服务好这几百万细分人群，就是每年千亿元的大生意了。

我的观点是，中国的生育率确实在下降，结婚的年龄也在推迟，但是随着经济的发展，有一定消费能力的家庭的数量是在不断增加的。这就类似于母婴市场，虽然整体的生育率在下降，但是花在每个小朋友身上的花销是在不断增加的。

这样的趋势会利好家庭消费领域的中高端品牌。因为蛋糕本身并没有变大，只是属于中高端的蛋糕份额在不断增加。山姆会员商店和理想汽车都吃到了中高端蛋糕份额增加的红利。

这两家企业虽然身处不同的行业，但其成功背后却有一层共性，就是它们不受外界质疑的影响，坚持对自身核心消费群体的洞察。

对于宏观趋势，很多人不是关注得太少，而是担心得太多。大部分品牌服务的人群都没有达到中国人口总数的1%，过度思考宏观环境对业务的影响更多的是在推卸责任——总把做得不好归咎于形势太差，而不是产品或服务不够出色。

在公司经营层面上，山姆树立了正面的标杆。在外国品牌的光环和滤镜已经大大减弱的当下，山姆的业绩依然节节提升，根本原因就是它把精力聚焦在其核心消费人群上，而不是盲目折腾、乱搞新模式。

关键是要理解品牌逻辑和平台逻辑的区别。如阿里巴巴、京东、美团等平台企业，用户数以亿计，业绩自然和宏观经济的起伏息息相关。而品牌型企业服务的是特定人群，不是所有人。

淘宝前总裁孙彤宇的一句话值得深思：品牌追求的是满足细分人群的主张；平台价值则在于适应市场不同阶段的生态演进，竭力做好更大供给和更多需求之间的匹配。

如果不是平台，而是一个为特定人群提供产品和服务的企业，那么当它什么都想要的时候，大概率什么都做不好。

圈层对比：品质家庭 vs 单身贵族

无论是品质家庭还是单身贵族，企业选择其中一个圈层认真服务，都有可能发展壮大。

随着未婚率的上升和每户家庭人数的下降，单身群体的消费需求也在不断增长。这一变化为多个行业带来了新的商业机会。因此，我们不能简单地认为一种趋势兴起就意味着另一种趋势的衰退，两者可能同时存在，并且各自都具备增长的机会。

在单身化的发展过程中，日本已经进入了一种令人震惊的状态。

截至 2023 年，在日本所有家庭中，超过三分之一的是单人家庭，这与其终身未婚率密切相关。日本男性的终身未婚率近 30%，女性的近 20%。终身未婚指的是 50 岁时依然未结婚，终身未婚率的统计数据并未包括那些离婚的人群。随着这一趋势的持续，日本的单身化现象将会愈加显著，预计未来整个日本社会 40%～50% 的家庭将是单人家庭。

单身人群规模的增长尤其为宠物市场带来了积极的影响。在日本国内，宠物的数量已经超过了 15 岁以下儿童的数量，这一现象反映了单身经济中宠物消费的旺盛需求。宠物行业成为受益于单身化趋势的典型行业。

我在考察日本的消费趋势时，发现了一个有趣的现象：出现了专门为宠物定制的酒品。日本的宠物店中出售一种不含酒精的酒，专为宠物设计，宠物主人可以与自己的宠物一同"对酌"。

为什么需要这种专门的宠物酒呢？在日本，单身消费者下班回家时，常常有独自饮酒的需求，但如果只有自己喝酒，会觉得孤单和凄凉。此时，与宠物一同饮酒，能缓解孤独，带来某种慰藉的体验。

这类产品的出现正是基于对单身群体情感需求的洞察。宠物主人通常非常珍爱自己的宠物，因此不会让它们饮用不符合其健康要求的饮品。于是，品牌通过洞察圈层需求，推出了专门为宠物设计的饮品，满足了宠物主人的情感需求，也契合了他们对宠物健康的重视。

与宠物一同饮酒的场景在日本并不是少见，而是主流的社会现象。尽管目前在中国难以想象这种场景，但在日本却已成为现实。单身化趋势引发了对宠物酒产品的需求，场景的特殊性催生了这一创新。

单身化趋势所带来的新场景和新需求是否会在中国出现，并催生相应的市场机会，也非常值得关注。

关于品质家庭和单身贵族这两个圈层，你认为未来还有哪些有意思的商业机会？欢迎在作者简介处找到联系方式，和我分享你的想法。

银发经济
掘金最大的增量市场

如果说由于结婚率下降的大趋势,品质家庭这一圈层未来的发展潜力尚存在不确定性,那么银发一族这个圈层的发展前景,则没人会表示怀疑。

甚至可以说,随着人口老龄化程度不断加深,以及银发一族保持健康活力的时间越来越长,未来十年,中国社会最大的增量市场莫过于"银发经济"。

走向老龄化社会,中国还有多远

关于整个社会的人口老龄化趋势,先分享一个好消息和一个坏消息。

好消息是，当下中国的人口老龄化程度远没有日本高——衡量人口老龄化程度的重要指标，是看 65 岁及以上人口占总人口的比例。中国的是 15.6%，日本的则是近 30%。

本书开篇提到，今天中国的人口老龄化程度约相当于日本 1995 年的水平。这可能会让人误以为中国在 30 年之后才会达到日本当下的人口老龄化现状，但中国的人口老龄化速度大概率会更快。

除了前文已经分析的原因之外，实际上，从 2020 年起，中国的总和生育率就已经低于日本，且持续走低，差距逐渐拉大。新出生人口的持续减少，将会使我们国家的人口老龄化速度越来越快。

中国的人口老龄化速度不会匀速发展，整体速度会更快。理解这个背景对理解中国的人口老龄化进程至关重要，因为尽管目前人口老龄化的影响还没有显得十分严重，但其发展速度可能超出预期。

从消费能力的角度看，中日两国都有很多老年人属于"有房无贷"人群，有退休金，经济的周期性不景气，给老年人带来的影响较小，因此这部分老年人是全社会中消费能力比较强的人群。

在日本社会不同年龄的圈层中，日本老年人群体在金融资产和现金存款方面占有压倒性优势。换句话说，老年人是日本社会中消费能力最强的群体。然而，值得注意的是，消费能力强并不意味着消费意愿也同样强。

相关统计数据显示，2023 年，日本 65 岁以上没有工作的家庭，平均储蓄额为 2 504 万日元（约合 125 万元人民币）。这一数字表明，日本老年人普遍倾向于节省：虽然他们的消费能力远超其他群体，但他们的消费意愿往往较低。

中国的情况是，20 世纪六七十年代是中国的人口生育高峰期，这段时间出生的活力银发一族具备较强的消费能力。这群人退休后称得上"有钱有闲"，将成为影响中国商业发展的重要力量。

一个同样现实的问题是，很多中国老年人对花钱持保守态度，即便拥有足够的财力，也不愿意消费。

年轻人虽然消费能力较弱，但消费意愿较强，常常表现为"月光"，即赚多少花多少。老年人则刚好相反，消费能力大于消费意愿。

所以，要讨论银发经济，我们要探讨的核心问题是：如何激发老年人的消费意愿？

答案指向一个关键点——情绪价值。通常在讨论人口老龄化带来的机遇时，更受关注的是大健康产业。但在我看来，怎样满足老年人最基本的社交需求、为他们提供情绪价值，同样值得关注。

社会新闻里经常报道老年人被诈骗的案例，老年人受骗的一个重要原因是骗子们实在太会提供"情绪价值"。很多老年人忽视子女的意见，但是愿意相信骗子。因为他们在家中与子女相处时，常常感受到被教育或被指责，这种情感上的冲突使他们不愿听从子女的意见。子女可能会不自觉地指出父母的问题，或是给出自认为正确的建议，反而减少了老年人获得情绪价值的机会。

骗子从不批评老年人，而是给予他们所需的情绪关怀和认可，让他们感到被理解和被关注，因此骗子更容易得到老年人的信任。老年人在情绪价值得到满足时，往往更愿意花钱。

当然，骗子的这种行为是可耻的，但这也提醒企业，只有满足老年人的情绪价值，理解他们的需求，才能推出受老年人欢迎的产品或服务。

日本有意思的银发商业案例

日本有一些非常有趣的、针对银发一族的商业案例，值得和大家分享。老年人的生活可以充满活力——这是我调研了日本体验型消费后的一个深刻感受。

日本银发一族退休后，可以生活得很有活力，甚至让人对其退休后的丰富生活感到羡慕。

日本有一个专门针对老年女性的健身房连锁品牌——Curves。它提供的服务不仅是帮助用户长肌肉或减肥，还包括带领用户进行康复性锻炼，调节身体机能，预防疾病。

Curves的选址也非常巧妙，通常会选择开在超市或地铁站旁边，对买完菜顺路健身的女性非常友好。这与隔壁韩国的健身市场形成了鲜明的对比，很多韩国的健身房直接限制老年人进入，甚至消费者呼吁政府立法以禁止歧视。

日本这家针对老年女性的健身房连锁品牌已经开了约2 000家门店。而中国最大的健身房连锁品牌乐刻运动，2024年年底的门店数量为1 700家左右。

我在调研过程中惊讶地发现，Curves宣称其年龄最大的会员现在已经101岁。Curves的母公司是做老年人生意的高手，还开发出了另一种专门针对老年群体的休闲娱乐业态——老年KTV。

从健身房到KTV，以及前文提到的旅行社，日本已经出现了不少专门针对老年人的业态，但这些在中国可能都尚未发生。某种程度上，我们可以相信这些业态不久之后会在中国出现，因为我们的人口老龄化来得更快。

当然，银发经济创业也有不少坑。在中国，创业做一个老年品牌的悖论可能在于，如果坚定地将用户定义为老年人，那么他们不服老的心态可能会阻碍他们购买产品。

在商业上，有些事情需要多说少做，有些事情需要少说多做。

而面向老年人的品牌是典型的需要少说多做的类型——在产品上要多为老年人考量和设计，但在营销上要少强调老年人专属。

在上文分析的运动鞋服品类，安踏、耐克、李宁等品牌都希望树立有活力、敢于挑战、不畏艰难的理念和形象，这一点和面向老年人的品牌是矛盾的。

日本知名运动鞋品牌亚瑟士在打造面向老年人的产品时，通过调整产品的卖点来匹配银发一族的需求。亚瑟士在面向老年人开发的运动鞋鞋底中添加增强树脂材料，给用户更好的防滑与支撑功效；同时，设计敞开式的鞋舌，让用户无须手提，实现一脚穿脱。但它在营销上却绝口不提"老年鞋"这三个字。

主打年轻人的市场将成小众市场吗

曾经有市场调研机构对日本最著名的几个消费企业——无印良品、优衣库和宜得利——进行了关于核心消费人群的抽样分析，分析后发现，它们共同的核心消费人群都是 40 岁以上的女性。

也就是说，日本最大的几个消费品牌的核心人群都不是年轻人。这当然是由社会结构和人口结构决定的。如果你打算在日本做一个目标受众是年轻人的品牌，这似乎代表着你要面对的是小众市场。

我在研究优衣库的时候发现，柳井正一直强调，优衣库不能变成年轻人的快时尚品牌，否则在日本就无法做大。背后暗藏的深意其实是，优衣库要更多地提高适用性，为更广大的消费者（即中老年人）服务。

在全球范围内，优衣库和 ZARA 都是服装行业的龙头企业。后者始终坚持快时尚属性，前者则主打无年龄差、全年龄段皆可穿着。我在东京调研时发现，欧洲的快时尚品牌在日本的存在感并不强，一个重要原因是，35 岁以上的女性会逐渐转变购买偏好，从新潮时尚转变为优雅舒适。

这也与日本的职场环境脱不开关系。大部分时候，中国的职场并不强调统一的着装要求。但在日本，公司的着装风格、组织纪律会极大地影响每一个职员。

分析日本是为了更好地洞察中国。中国有很多消费品品牌会在市场调研时强调，自己的目标受众是18～35岁的一二线城市的女性用户——这通常被认为是中国最有消费意愿的群体。

但这究竟能否被看作一个好的定位呢？未来中国社会还需要那么多迎合年轻人的品牌吗？年轻人会一直是中国的消费主力吗？

当然，这些将年轻人视为目标用户的品牌有其现实的考量：年轻人更爱尝试新鲜事物，消费习惯尚未完全定型，还有机会深入用户心智。相比之下，老年人在消费上更加保守，更难以信任新鲜事物。

主观上看，很多创业者自己也相对年轻，很难以己度人去审视和思考老年用户群体的需求。

我投资过一个染发剂品牌，叫作染博士，这当然是一个银发经济的产品。

染博士的创始人曾经给我分享了一个细节：在他的所有短视频素材和直播间里，他都要求自己和主播将语速放慢到平时正常说话的 50%。因为对银发一族来说,直播间的普通语速已经是偏快的,这容易使他们从直播间直接划走。

如果创业者并不属于某个消费群体,但想要做那个群体的生意,就需要通过更加努力的学习来弥补天然缺乏的用户体验。当自己不是老年人的时候,想要搞清楚老年人的需求,就一定要有很强的观察和设身处地换位思考的能力。

所以很多创业者愿意做和自己年龄相仿或者更年轻一些的消费者的生意,自己养狗就做宠物品牌,自己养猫就做猫粮品牌,有带娃的需求就做童装品牌。

不仅是创业者,大量的上市公司在定位用户时,也会选择年轻人为第一目标。例如,九毛九餐饮集团最出名的品牌是太二酸菜鱼,它后来又孵化了一个专门"讨好"年轻人的品牌,叫怂火锅。

怂火锅的服务员打扮得都非常新潮时尚,会在店里跳街舞,火锅店可以随时变身为蹦迪现场。怂火锅也会在平时的营销中和年轻人共情,比如在门口竖立一个"认怂公告":不是米其林,不是必吃榜,服务不如海底捞好,吃火锅,你开心就好!

这样的公告,就是为了迎合年轻人拒绝内卷、开心就好的心态。

这样一个主打为年轻人提供情绪价值的火锅品牌，现阶段的业务状况并不乐观。怂火锅原本的客单价能够保持在150元左右，后来一路下降到了120元，在二三线城市可能是100元出头。实际上，它一直是一个比海底捞还贵的火锅品牌。

财报数据显示，2024年怂火锅的同店日均销售额下降超过30%。对餐饮行业来说，这种下滑非常危险，意味着门店可能已经开始亏损。

怂火锅也是九毛九餐饮集团中同比下降最多的品牌，太二酸菜鱼也在下滑，但因为太二酸菜鱼本身的性价比更高，人均消费额在70元左右，所以目前下滑相对更少。

呷哺呷哺与九毛九餐饮集团同为火锅行业的上市公司，凑凑火锅是呷哺呷哺旗下的高端火锅业务，主打约会和闺密聚餐场景。由于年轻人整体上消费能力下降，2024年凑凑火锅的业绩下滑得也非常严重。

在行业内其他友商的衬托下，海底捞的业务显得更坚挺。虽然2024年海底捞的客单价也跌破了100元，但它目前的业绩并没有明显下滑，依然有几十亿元的净利润。

海底捞的氛围更加适合全家一起消费：老年人平时容易孤独，喜欢热闹，海底捞的热情服务能让他们感到喜庆与欢乐。据我观察，海底捞在老年人群体中好评率很高，年轻人可能因为"社恐"而排斥海底捞的热情服务，老年人却非常喜爱这种热闹的体验。

重视银发一族的趋势不仅出现在餐饮行业。2024年下半年，名创优品宣布收购永辉超市的股份，成为这家超市企业的最大股东，背后可能也有消费圈层互补的考虑。后面章节会分析到，名创优品的IP转型战略取得了成功，而其IP产品是瞄准年轻人尤其是年轻女性的生意。

但从长期趋势看，国内年轻人的人数在逐渐萎缩，名创优品国内收入的上升空间容易见顶。对于一个完全基于年轻人的兴趣消费市场，很难估计它未来在中国的发展空间。而超市提供的基本生活保障和服务，对全年龄段都是刚需，而且逛线下超市的主力人群就是银发一族。主业业务注重提供情绪价值，投资入股的业务则针对全家老小的日常刚需，名创优品希望用截然不同的业务来实现经营风险的区隔。

整体而言，在经济换挡时代，面向银发一族的消费产品可能更具备韧性，适合抵御行业的下行周期。

如何给银发一族提供情绪价值

下一步，值得思考的问题变成，什么样的商业形态才能为老年人提供情绪价值？

举个例子。我在长沙投资的东茅街茶馆，是一个开在老城区市中心、占地5 000平方米的茶馆。在开业之前，我并没有明确将其定位成一个银发经济的项目。

没想到的是，开业后茶馆里的大部分消费者都是老年人，东茅街茶馆成了为老年人打造的一个第三空间。

本质上，东茅街茶馆类似于"老年人的星巴克"，尽管它和星巴克在空间大小上有所不同，它是一家大型茶馆，且融入了长沙的地方文化特色。茶馆内装饰有毛主席的名言："世界是你们的，也是我们的，但是归根结底是你们的。"这句话体现了对年轻一代的期许，寓意着代际之间的联系与交流。

茶馆的设计营造了民国时期至新中国成立初期的茶馆氛围，为当地老年人提供了传统的文化体验。

东茅街茶馆主要服务两类客群：偶尔前来打卡的年轻人，以及每天定期光顾的老年人。年轻人通常对新奇体验充满兴趣，乐于尝试并打卡，但他们的忠诚度较低，往往只是去体验新事物。老年人则不同，他们把这个茶馆视为一个重要的公共空间。许多老年人每天都会到这里,与朋友聚会、聊天、喝茶、吃饭,甚至打牌,一待就是一整天。茶馆这个第三空间很好地解决了老年人社交和休闲的需求,成为他们日常生活的重要组成部分。

东茅街茶馆实际上也为老年人提供了情绪价值。因为退休后的老年人经常会感到孤独,他们渴望有一个能够交流情感的公共空间,既能与旧友重聚,也能结识新朋友。

这样的需求与年轻人对咖啡馆社交空间的需求非常相似,只是茶馆为老年人提供的社交场所更符合他们的生活方式,老年人更需要一个能够符合他们审美的交流、放松的场所。

由此可见,银发经济的一个重要切入点就是为老年人提供情绪价值,从情绪价值的角度思考各种可能的商业机会。

许多退休后的老年人失去了曾经的社会身份和角色,而这一变化往往伴随着情绪上的落差。所以,银发经济的一个核心机会就是为老年人提供社交和情感上的支持,帮助他们在退休后找到新的自我认同。

中国会出现"养老搭子"吗

在社交空间之外,能提供老年群体情绪价值的生活场景自然是居住空间。在人口老龄化叠加单身化的趋势下,日本的很多老年人一直独自居住,需要更多的交流场景。我在调研中发现了很多有趣的现象。

例如,日本有很多单身老年人退休后组成了"养老搭子",他们生活在二三线城市,约定一起居住生活但保持适当的距离,并不依赖彼此;有困难的时候则全力帮助对方。

除此之外,这些"养老搭子"还会定期组织周末沙龙,邀请医生、音乐家、脱口秀演员等前来家里分享,已经坚持了10年以上。养老搭子们会选择较大的住宅以便共同生活,因此他们的居住空间甚至成了当地城市的交友中心。

目前国内通常由社区和居委会来举办面向老年群体的活动,未来可能会有越来越多自发组织此类活动的社群出现。

日本的"养老搭子"之间还会进行遗嘱委托,约定其中一人去世后,其他人有权帮他处理后事。

还有一个有趣的现象是"跨代共居"。一些日本老年人愿意低价出租一部分空间给年轻人,以获得更多接触新鲜事物的机会,年轻人也愿意就自己的困惑向长辈请教,双方互相照顾和成全。日本的社区还会对公共空间进行改造,让不同年龄段的人获得更多交流的机会。

在日本的核心城市，还衍生出了社区食堂的新业态。东京政府会对其进行补贴，鼓励更多社区食堂的经营，让老年人在这样的公共空间里交流互动；还有把学生食堂和老年食堂放在一起的，以提供更多跨代交流的机会。

社区食堂不仅为老年人提供了更加多样化的餐饮选择，提升了居民总体健康水平，还有助于建立起对单身银发一族的关怀机制，如果有老人超过 3 天没来吃饭，工作人员就可能要到其家里进行探访。

对有较高消费能力的老年群体来说，提供社交的场所和机会，帮助他们排解孤独，就是在提供情绪价值。

日本银发经济的代表性服务，还包括为消费者提供超前的葬礼体验。从选择配乐、寿衣、发型、妆容，到自己躺在棺材里体验，一站式全包，甚至还提供出版个人传记的服务。这样的服务很大程度上缓解了老年人的死亡焦虑。

上述现象未来在中国会不会大量出现？除人口老龄化因素之外，还要考虑两国在文化、社会等方面的差异。对中国而言，城市化带来了较高的居住密度，小区本身就成了天然的社区，未来可能会有更多提供相关服务的社区化机构产生。

整体而言，相比日本，中国银发一族能够享受到的生活服务相对单一。随着中国的人口老龄化程度加深，未来一定会出现相应的创新，政府机构、商业机构、家庭……每个社会角色的分工可能也会随之变化，值得提前思考和布局。

从你和家里老人的相处来看，你认为银发一族有哪些尚未被很好地满足的痛点需求？欢迎在作者简介处找到联系方式，和我分享你的想法。

趋势四
非标化

非标商业的兴起，源于时代心态的演进。

在中国的商业叙事里，一直有一种对"标准化复制"的崇拜。类似蜜雪冰城和瑞幸咖啡这样的万店连锁，是公认的优质商业模式。而无法标准化复制的企业则往往会被随意贴上"小而美"的标签，不会引起多少人的注意。

然而过去两年里，中国最受关注的成功商业案例之一，却是一个典型的无法标准化复制的企业：胖东来。

胖东来超市于 1995 年成立，到 2024 年年底，一共才在河南的两个四线城市许昌和新乡开出了 13 家店。一直到 2025 年，胖东来才宣布进入河南省省会郑州的意向。

近年来，胖东来成为中国最火的消费和商业现象之一，虽然身处河南的四线城市，却在全国范围内展现出了惊人的吸引力和影响力。

很多人即使没去过胖东来，也在网上孜孜不倦地谈论它。那么，为什么胖东来能成为如此受欢迎的商业标杆呢？除了一些大家津津乐道的成功因素——员工福利和商品质量——这些因素已经在网上被过度渲染,其实还有时代趋势变化的原因。

越来越多的人意识到,企业成功的关键不在于开疆拓土,企业是不是实现了标准化和规模化复制,根本不是重要的考量。

胖东来的成功正是这一时代思潮的体现,它的成功不只是个别案例,更体现了中国商业领域对企业成功定义的转变。

只有能够通过标准化复制,把规模做大的企业,才是优秀企业——这种判断标准正在过时。

十年前,占据中国商业头条的一定不会是胖东来这样的企业。当时的时代心态,推崇的是企业增长越快越好,成功意味着短时间内积累过亿用户、创业三年迅速上市。这样的企业,一定拥有一个可以快速复制的商业模式,这就是当时时代浪潮的魅力:移动互联网应用复制的边际成本为零。

时至今日,很多企业开始逐渐形成一个共识:企业业务拓展得越广、越快,并非就越好。让员工感到幸福,让所服务的用户群满意,创造难以被替代的价值,才是企业最大的成就。

胖东来为消费者创造了稀缺性价值,因此收获了极高的用户黏性。作为一个基于线下门店、模式有点笨重、难以复制的企业,胖东来赢得了人们的尊重和认可。

可以说,胖东来的非标属性使它很难快速扩展,但这也正是它能收获极高用户黏性的核心原因:离开了这个特定的地方,消费者很难获得类似的体验和服务。

标准化复制给用户带来的体验千篇一律,因此像胖东来这样的非标化品牌通常具备很强的独特的地域特色。

类似胖东来的非标化商业形态,将在中国各个区域迎来雨后春笋般的发展机会。

在房地产领域,阿那亚深耕环北京地区,成立至今十多年只经营了六个楼盘。与众多巨无霸体量的房地产开发商相比,阿那亚的规模只能算小而美,但当下它却活成了所有开发商羡慕的样子。

在餐饮领域的长沙品牌中,无论是大家熟知的茶颜悦色、文和友,还是更多当地的后起之秀,都成长为长沙的城市魅力的重要构成部分。虽然这些品牌在长沙之外的市场拓展过程中,都遇到了各种各样的困难,但这不妨碍它们成为长沙长期吸引游客的城市名片。

胖东来、阿那亚、茶颜悦色、文和友,这些企业扩张的速度不快,标准化复制能力也存疑,但它们都通过在各自的区域深耕,收获了超越单一区域、辐射全国的影响力。创造非标化用户价值的能力,是它们共同的优势。因为这些企业提供的价值无法被轻易复制,因此难以被模仿和替代。

在本书中,我提到的案例只是这一类企业的杰出代表。在中国的各行各业和不同地区,非标化的成功商业案例未来将会越来越多。

零售创新
胖东来打造非标商业体

在胖东来出现之前，河南许昌最著名的还是三国时期的曹操。一个四线城市的超市企业为什么能火遍全国呢？

胖东来充满了神秘感，它的老板于东来也逐渐被"神"化，胖东来成了中国零售业"神"一般的存在。这个逐渐被"神"化的企业，究竟是否言过其实？它的厉害之处又在哪里呢？2024年我专门去了一趟河南许昌，实地考察了胖东来。

实地仔细观察之后，我的核心观点是：**胖东来并不是一家纯粹的超市企业，而是一个以超市业态来引流、以商业地产作为核心营利模式的公司。**

关于这个观点,我把它拆解成两部分来讲解:第一部分是胖东来如何用超市引流;第二部分是胖东来如何通过商业地产挣钱。

胖东来的商业模式之一:超市引流

零售行业的大多数上市公司最近几年业绩都在下滑,如著名的永辉超市一路亏损,而被阿里巴巴收购的大润发因为业绩不佳,也成了阿里巴巴集团的弃子,最终折价出售。

可以说,胖东来是在零售行业一片哀嚎的情况下,实现了逆势增长。我在现场感受到的是,胖东来超市之所以业绩这么好,是因为它有着非常强的选品能力。

线下超市之所以最近几年业绩不好,一个很重要的原因是面临着线上电商平台的竞争和挤压。在"多、快、好、省"这四个维度中,电商平台至少在三个维度上占据优势。

第一是多,电商平台是虚拟货架,商品可以无限扩张,一定比线下实体货架承载的商品要多。

第二是快,这也是电商平台的优势所在。在全国范围内,能快速购入胖东来商品的消费者寥寥无几。胖东来的线上商城送货业务支持的品类十分有限。如果你不是许昌或新乡本地人,就很难买到胖东来的商品——导致网上到处都是胖东来代购。

第三是省,线下超市要承担大量的人力成本以及场地的租金成本,它跟拼多多这样的平台去比省钱是非常难受的。

而胖东来抓住了多、快、好、省四个维度中的最后一根稻草,也就是好。

在胖东来逛街的时候,你会感受到一种幸福感,这种幸福感是你在网上逛街的时候所缺乏的。

我在胖东来感受到了在线下逛街的幸福感,给大家举一些例子。

丰富的商品种类

在调味料方面,光是酱油就有几十种,比如有机酱油、无麸质酱油、黑豆酱油、松茸酱油,还有很多日本产、韩国产的酱油。

走到饮料区域,可乐也有十几种。一般的超市里卖的可乐都是国内产的普通可乐,两三块钱一罐。但是胖东来货架上有很多进口可乐,还有北海道限定款可乐,一瓶就要近十块钱。在可乐这个品类里,它非常贵,并不是普通老百姓会经常购入的商品,但是它让人感觉非常有意思,带给了消费者在线下逛街的新鲜感。

至于酒类，胖东来有自家品牌的精酿啤酒，还有各种韩国产的低度酒。在方便面的货架上，我也发现了同样的景象，琳琅满目地摆满了韩国原装进口的商品，不仅自带一种高端感，还给人品质好的感觉。

丰俭由人的消费体验

显然，胖东来非常擅长利用日本和韩国的进口商品，使货架显得更加丰富。这里面的心思值得玩味：中国的老百姓对食品安全越来越重视，时常担心买到的商品添加剂过量。而日韩作为发达国家，许多人对其食品质量有"滤镜"。相较于欧美食品，日韩食品的口味也更为中国人所接受。

还有一个原因是，大部分人看不懂日文和韩文。胖东来把韩国进口方便面放在货架上显眼的位置，容易让人"不明觉厉"。

聊到这里，我们就能发现，胖东来选品的巧妙之处，就是刻意去制造给消费者的新鲜感和高端感。因此消费者逛胖东来的时候能感受到一种选择丰富的快乐。

在胖东来购物丰俭由人，它并不像很多高端超市那样，只卖进口商品——如果你想买一瓶普通的可乐，胖东来也可以提供给你。

胖东来给消费者营造了一种高端的感觉，但最终买单的时候，消费者不一定要支付高价格。举个例子，胖东来自制的一升装葡萄汁售价 14 元，价格合理。而且其配料表非常干净，不包含添加剂。

激发连带购买

胖东来成功地营造出了消费者所向往的美好生活的场域。消费者既可以选择新奇的高端商品，也可以选择性价比较高的商品。

这样的选品策略是为了最大限度地激发出消费者的购买欲望。当你看到很多没有见过的新奇商品时，你很有可能会顺手多买一件。

零售行业内有一个非常重要的指标，叫作连带率，指消费者在超市里逛一圈后会买多少件商品。有可能消费者去超市只是想买一瓶牛奶，但是在逛胖东来的过程中，看到这么多有意思的新奇商品，就从原来只想买一件商品变成了买四五件商品。

这就是超市经营里高连带率的魅力，这一点线下超市比电商平台更有优势。

对很多年轻人来说,逛超市已经成为一种负担,毫无幸福感,就是为了赶紧把东西买齐的一种行为。所以越来越多的人逐步改成在线上购买。

胖东来成功地把逛超市的幸福感带回给了许昌人民,看到这么多新奇的高端商品,消费者能感到真实的快乐。

此外,胖东来为了彰显高端超市形象,增强消费者对其的信任感,会特意卖一些价格很高的东西。例如,它店里出售的一款商务礼盒,里面都是名贵的人参等药材,一个礼盒就要卖 2 万元。还有一条浴巾让我叹为观止,据说它是来自葡萄牙的品牌,售价 1 000 多元。

这些高端商品实际上不可能卖出多高的销量(销售金额不一定低),但它们能够增强消费者对胖东来的信任感和好感。消费者会觉得胖东来的东西是高端的、品质好的,在这里买东西放心,因此在买日常消费品的时候就更加愿意下单了。

经济发展到今天,中国的大小城市里都不缺乏中高端消费人群。在全国人民慕名而来,纷纷去参访胖东来,而且游客在消费的时候通常会比本地人更加大方的情况下,胖东来也特意在游客常去的门店里面提供了更多的高端商品,以赚取旅游消费的利润。

前文分析过山姆会员商店的优势，山姆会员商店的模式和胖东来的模式在中国的线下零售业中是两种截然不同但同样成功的模式。

胖东来作为一家本土企业，比山姆会员商店这种美国企业又多了更加理解中国消费者的优势。例如，山姆会员商店里出售的食品都是大份包装，一般家庭是吃不完的，但胖东来的食品大都是小份包装，哪怕是没有成家的年轻人也不需要担心吃不完。

同时，山姆会员商店的选品偏美式，比如不卖活鲜产品。因为美国人是不吃活鲜产品的，而是吃冰鲜产品，而且活鲜产品的损耗率很高，很难赚到钱。山姆对活鲜产品敬而远之。但胖东来深刻知道，中国大量消费者还是喜欢吃活鱼、活虾的，所以哪怕这个类目难赚钱，还是需要给消费者丰富的选择。

分析到这里，我们就理解了为什么说胖东来超市是一个巨大的流量入口，每天都吸引着大量的消费者进去逛街。我第一次参访胖东来时，是在工作日周三的上午，里面依然人声鼎沸。

但是，零售行业是以利润微薄而著称的。胖东来的超市业务做得再好，它的净利润率也只能达到3%～5%，哪怕是全世界最厉害的超市——美国的沃尔玛，世界五百强之首、全世界收入最高的企业，其超市业务的净利润率也就是 3%～5% 的水平。

超市业务的难点不仅在于毛利率低，还在于刚刚提到的损耗高。比如活鱼、活虾，还有烘焙面包这样的产品，如果一两天内卖不出去，到第三天就损耗了。报损成本在超市运营里也是非常高的一项费用。

所以胖东来只是以超市来引流，其背后还有一个更容易将流量变现的商业模式，就是商业地产。

胖东来的商业模式之二：地产变现

胖东来的超市大都开在其自有的购物中心或百货大楼里面。消费者进去除了逛超市之外，大概率还会去其他的业态消费。胖东来作为地产运营方，可以把门店出租给其他商家来获取租金。

赚租金就比自己开超市赚钱轻松很多了。在胖东来的购物中心里，有良品铺子开的零食店、小米开的电子产品商店，还有大量的服装店，业态非常丰富，而每一个入驻的商户都要付租金给胖东来。

据说胖东来购物中心里面店铺的租金水平可以媲美北京、上海这样的一线城市，因为人流量实在太大了。但即使胖东来的租金收得很高，商户还是趋之若鹜，纷纷想进入胖东来购物中心，简直就是一铺难求。

更厉害的是，胖东来除了超市以外，还会选择那些毛利率高的业态自营，自己去赚取差价。这本质上也是一种商业地产思维，是流量变现的做法。

例如，胖东来的购物中心里面有苹果专卖店，大家知道苹果的产品就是硬通货。而且在许昌这样的四线城市，很多人买手机还是习惯于线下挑选。胖东来就自营了自家购物中心里的那家苹果专卖店。

除了苹果专卖店以外，还有两个业态是胖东来一定要自营的，一个是茶叶店，另一个是金铺。因为买茶叶和买黄金有一个共同的特点：客单价非常高。如果你只是去超市的话，买瓶牛奶，买点水果，100块钱可能就足够了。但是走进茶叶店和金铺，如果买单的话，花成千上万元都是正常的。这些客单价格高昂的类目，胖东来就选择了自营。

毫不夸张地说，胖东来已经成为许昌当地老百姓日常消费的主要目的地。

胖东来为什么不走出河南

看到这里,你自然会产生一个疑问:如果胖东来真的这么厉害,它为什么不走出许昌和新乡这两个四线城市,扩张到全国呢?胖东来不仅没有走出河南省,对于入驻距离许昌只有 100 公里的郑州,也表现得都非常谨慎,直到 2025 年才宣布进军计划。这背后究竟是什么原因呢?

我的观点是,胖东来不扩张有两方面的原因,一方面是没必要,另一方面是太辛苦。

说没必要是因为,胖东来已经主导整个许昌的零售生态了。在许昌的零售行业中,胖东来不仅有超市,而且有茶叶店、金铺、药店以及苹果专卖店。

如果胖东来走出河南,我相信它的超市业态一定没有问题,一定还是非常受欢迎。但它的商业地产板块里的其他毛利率更高的业态,走出去将是困难的。

每个城市都有本地的茶叶店、苹果专卖店,这些业态本身没什么差异。胖东来在许昌能挣到这个钱,是因为整个购物中心都是它在经营,这些业态受益于超市溢出的流量。这是以胖东来超市巨大的稀缺性为前提的,体现的是超市引流、其他业态变现的核心逻辑。

所以胖东来谨慎扩张，可以维护它独一无二的稀缺性。

这种贴上了本土标签的稀缺性，也会使得许昌当地政府非常重视胖东来这个民营企业。胖东来经营非常规范，每年纳税几亿元，创造了大量的就业岗位，所以当地政府非常愿意扶持胖东来，胖东来就能够在超市之外，通过收租或者自营高毛利率的业态，赚取确定性最高的利润。

毫不夸张地说，许昌的线下流量都在胖东来的购物中心里面。胖东来一旦走出去了，就稀释了它作为许昌名片的特征。如果全国各地都开满了胖东来，胖东来就没有独特性了，反而会影响到许昌的业务——旅游客群因为稀缺性而来，如果全国遍地开花，消费者就没有亲临许昌的必要性。

但很多人还是难以相信，有钱为什么不赚呢？胖东来开去郑州，开去其他的城市，按照现有的号召力，依然可以赚钱。哪怕只开超市，没有商业地产的部分，它也依然可以活得不错。为什么不去做呢？

这就涉及我刚刚所说的"太辛苦"这一方面。熟悉零售行业的朋友都知道，经营超市是出了名的辛苦，利润率低。

为什么开超市很苦呢？首先苦在要管理大量的员工。

很多人分析胖东来，都会说到它除了商品好之外，还会给消费者提供很强的情绪价值。胖东来做自营产品，在包装上都给足了情绪价值——它的购物袋上的口号是"freedom and love，自由与爱"。

胖东来的墙上还有一些煽情的口号，例如"用一生的爱去做自己喜欢做的事"。这句话既是给消费者看的，也是给员工看的，让他们在服务消费者的时候充满热情。只有员工真正相信了这样的口号，他们才能由内而外地散发出幸福感，给消费者提供更好的服务。

胖东来的服务不仅体现在口号上，还体现在许多贴心的细节里。

胖东来的水果区写着为了保证新鲜，水果上架 6 小时后就会打 6 折，8 小时后就会下架报损。胖东来售卖的鸡蛋全都是自生产日期起 12 天以内的品牌鲜鸡蛋，而且它还教消费者各种鸡蛋的烹饪方法，如溏心蛋应该怎么做。

胖东来还在超市里派发免费菜谱。例如菜谱上有道菜是萝卜炖牛腩，它会教消费者怎样选购好的萝卜和牛腩，回家之后用什么调味料，炖多长时间。

胖东来的服务细节可以称得上事无巨细。而要提供如此好的服务给消费者，依靠的就是员工的全身心投入。

在很多人的印象中，在超市上班是一个苦差事，工作时间长，福利少，薪水还低。但是胖东来完全扭转了这样的刻板印象。让我印象最深刻的是，胖东来给每个员工每年10天的不开心假。意思是这10天的假期完全由你自己的心情决定，你不需要什么理由，就是你不开心了，公司就会给你每年10天的带薪假期。

据说，在胖东来工作的顶级水产师傅，每年的收入能达到百万元，这真的让我非常惊讶。胖东来地处内陆，所以从沿海地区运过来的海鲜很容易变质。死的海鲜跟活的海鲜相比，其价值天差地别。

一个好的水产师傅能够让海鲜保持鲜活的时间更长，能够给公司创造巨大的价值。公司自然愿意给他更高的薪资。胖东来的老板于东来有一句名言，叫"员工的收入高了，企业的成本才会低"。这句话真的非常耐人寻味。

胖东来的员工在许昌当地是非常受尊敬的群体，特别有社会地位。当地人民都知道胖东来员工的收入是相当高的。

这解释了胖东来为什么没有在全国范围内扩张。因为这种优待员工的模式在其他城市并不一定成立。

首先，大城市的房租更高。胖东来扎根在许昌几十年，其门店租金成本是很低的。但是到了大城市，租金上升，如果胖东来依然给员工这么好的待遇，超市这种薄利生意就很容易亏损。

其次，在许昌，胖东来的薪资是非常让人羡慕的，但在一二线城市，它可能就处于普通水平。胖东来进入大城市之后，为了维持自身的竞争力，势必要把工资调到在当地也非常有竞争力的水平。这样它的成本就更高了。

另外，胖东来哪怕不把门店扩张到外地，以胖东来今天的影响力，它依然能赚到给全国各个超市供货的钱。因此犯不着把这么精细化的服务辛苦扩张。

下文我们会详细分析胖东来对永辉的调改（调改一词在超市行业指调整、改变、改革、改动等），调改本身是不收费的，但是调改完之后，永辉超市里会上架胖东来的产品，胖东来就可以通过供货来赚钱。

开一家超市是一件费时费力的事情，要投入好几百万元，至少好几年才能回本，一不小心还会亏损。胖东来帮助同行进行改造升级，直接通过供货来赚钱，这是一种更加聪明的商业模式。

靠着这样一种商业模式，胖东来会从一个服务型企业变成一个制造型企业。而制造型企业是没有地域限制的。它把产品制造好了，可以分发到全国各地。这就以另一种方式突破了地域限制。

胖东来的这个经营思路可以说是恰逢其时，体现了这两年中国商业思维里的一个根本性的变化。

以前所有人都会觉得，"做得大"和"做得快"是商业世界里最重要的事情。但今天大家的思维开始转变了，胖东来在这个时候站出来告诉大家，"做得好"和"做得久"才是商业世界里最重要的事情。

如果说商业世界里有四大目标——做得大、做得快、做得好和做得久，不知道正在阅读本书的你认为哪一个是你个人最看重的目标呢？

欢迎给我留言。

"胖改"后的永辉，能翻身吗

越来越多的企业受到胖东来的感染，不盲目追求规模，而是越来越关注自身的健康发展。在大量学习胖东来的企业中，最著名的莫过于超市行业的上市龙头——永辉超市。

永辉超市目前正在接受胖东来的帮扶调改。全国各地的永辉超市都在陆续学习胖东来。这些被胖东来调改过的永辉超市都会上架胖东来的自营商品，例如胖东来的果汁、啤酒。如果你生活在北京、深圳、杭州等大城市，你在当地就能找到被胖东来调改过的永辉超市，买到胖东来的自营商品。

"胖改"之后的永辉超市门店，吸引力大大增加了。每次调改完成重新开业时，门店前都会排起长长的队伍，社交平台上也会出现各种"胖改"后新永辉的逛店笔记。

永辉超市在全国一度有近千家门店。截至2025年春节，全国一共有四五十家"胖改"后的永辉超市门店开业。根据永辉超市的官方计划，2025年内会有超过100家调改后的门店开业。

为什么永辉超市要拜师胖东来呢？永辉超市是一个营收曾接近千亿元的全国性企业，也是上市十余年的超市行业龙头；而胖东来是营收不到两百亿元的地方性企业。乍一看，显得不合常理。

走近一步来看，这件事实在是顺理成章——永辉超市近几年的业绩实在是太差了。财报显示，永辉超市2024年前三季度收入为545亿元，同比下滑了12%，而且已连续多年亏损。很多永辉超市门店因为经营不善，正在陆续关闭。截至2024年年底，永辉超市在全国范围内的门店有790家左右；而在2023年年底，永辉超市门店还有1 000家。

也就是说，2024 年全年，永辉超市在全国范围内关闭了超过 200 家门店，而且这个关店潮还没有停止。在 2025 年，永辉超市官方预测还将关闭更多的门店。

关闭门店当然是因为不赚钱。根据我调研得到的信息，永辉超市在全国范围内的门店有超过三分之一处于亏损状态。

零售企业的利润可以分为门店利润和总部利润，永辉超市有三分之一以上的门店，在门店层面就已经亏损了。那算上总部成本，最终得出的财务报表只会更加惨不忍睹。永辉超市已经连续三年亏损，2024 年全年净亏损超过十四亿元。

为什么零售行业的龙头企业永辉超市业绩这么惨淡呢？我总结了三大原因。

第一大原因是电商越来越发达，大家不爱逛超市了。无论是美团的小象超市、拼多多的多多买菜，还是盒马鲜生、叮咚买菜，这些互联网服务都可以让消费者很方便地买到东西，消费者去实体超市购物的必要性在持续下降。

第二大原因是永辉超市里的商品实在让人没有逛街的欲望——调改前的永辉给消费者提供的商品选择和胖东来相比，感觉不在一个时代。对很多年轻人来说，逛传统超市已经成为他们生活中的负担，而不是快乐。

第三大原因就是像永辉这种大卖场超市，其大而全的业态正在被各种各样的专门店分流。 市场上已经出现了大量专门的水果店、卖肉的生鲜店以及零食店，这类门店面积更小，离社区更近。专门店对消费者来说是更加方便的，不需要跑到永辉超市这样的大卖场去。

因此，面对业绩不断下滑的压力，永辉超市就只能求助于胖东来了。

胖东来对永辉超市的调改，从资本市场的反应来看是非常受欢迎的，永辉超市的市值大涨。

这件事还有一个非常重要的参与者，名创优品的老板叶国富。他一掷千金，花了六十多亿元投资永辉超市的股票，成了永辉超市的大股东。

我参加了名创优品在投资永辉超市之后召开的投资者电话会议，在会议上，叶国富明确指出，他投资永辉超市的主要原因就是看好胖东来对永辉超市的调改。名创优品作为零售行业的上市巨头，它的一掷千金，让越来越多的人开始看好永辉超市之后的前景。

那么，胖东来"爆改"永辉超市到底改了什么呢？

胖东来的调改，表面上改的是永辉超市所售卖的商品组合，让消费者更加愿意去逛超市。实际上，它调改的核心，是永辉超市的商业模式。

传统超市其实有两种利润来源。一种是买卖商品所赚的差价。例如，一瓶可乐，超市进货价是 1.5 元，再以 2 元卖出去，中间的五毛就是超市的毛利。另一种是品牌的进场费。一个品牌要想在超市的货架上售卖，要给超市一笔不菲的进场费。无论品牌的商品卖得怎么样，这笔进场费都要照收。

在永辉超市的商业模式里，它既在赚商品的差价，又在赚品牌的进场费——后者有点像直播带货行业里头部主播的坑位费。坑位费这个词用在超市行业里，甚至更加形象贴切。

但这带来的问题是，在很大程度上，谁的进场费给得多，超市就卖谁的商品。这也导致消费者越来越不爱逛超市。因为超市里商品的选品不是基于消费者的需求，而是跟进场费的博弈密切相关。

胖东来之所以在所有超市里独树一帜，一个很重要的原因在于，胖东来不收进场费。

胖东来超市赚钱的方式，完全是在赚商品的差价。胖东来的商品品质高，服务好，价格虽然不便宜，但是它完全基于消费者的需求选品。这样的对商品组合的改造，就是胖东来调改永辉超市的核心所在。

分析到这里可能你会困惑，取消进场费这种事情，难道不是永辉超市的老板一拍桌子就能决定吗，为什么一定要借助胖东来这样的外部力量进行调改呢？

实际上，像永辉超市这种发展了二十多年、上市十多年的企业，其内部的组织架构非常复杂。很多内部的经营流程并不是老板一声令下就能改变的。

取消进场费的核心障碍是永辉超市的采购部门。采购部门决定了货架上会卖什么样的商品。在多年的经营中，采购部门和品牌方之间已经形成了深度的利益关系。如果取消进场费这件事情完全在组织内部进行推动，会得罪很多相关方。

因此，引入胖东来这个行业公认的标杆来从外部推动调改，就非常有必要。

永辉超市经过胖东来调改之后的门店，产品结构和胖东来门店的相似度已经达到了90%。在调改后的永辉超市里，还建立了胖东来的自有品牌专区，会卖胖东来自有品牌的白酒、矿泉水、果汁和洗衣液。此外，永辉超市经调改后，还肉眼可见地多了很多日韩进口商品。这也是胖东来非常擅长的一招，就是用进口商品，尤其是日韩进口商品来吸引消费者。

那永辉超市经调改后，能像胖东来一样成功吗？

我的观点是经调改后，永辉超市的业绩一定会上升，但是无法达到胖东来那样持续爆火的程度。在学习胖东来的过程中，永辉超市能够学到的是它的产品结构，但很难学到胖东来的服务水平。

除了产品吸引人之外，胖东来最著名的标签就是员工待遇好。员工在得到了优厚的待遇之后，自然就会为企业"卖命"，服务消费者的时候也会更加用心。在胖东来的大本营许昌，胖东来员工的收入在当地属于中高水平。但是胖东来之所以能够提供这样的员工福利，是因为它开在许昌这样的四线城市，当地的房租便宜。加上胖东来发展的时间较长，已经在当地形成了一定的垄断效应。

此外，作为一个四线城市的超市，胖东来不少商品的售价都堪比一线城市。在这种情况下，胖东来的收入高，成本低，自然可以从获得的利润中拿出一部分来回馈给员工。

这就是为什么胖东来能够在对员工这么好的同时，依然能够实现规模化盈利——于东来公开宣布，2024年胖东来的利润超过8亿元。

但永辉超市的情况跟胖东来不一样。永辉超市不是一个区域性企业，而是在全国遍地开花的，而且还有很多门店位于北上广深等一线城市，房租很高。

永辉超市长期以来的定位都是主打性价比。它不像胖东来，因为有网红效应和稀缺性，即使在四线城市卖得贵一点，也有不少消费者会买单，甚至还有全国各地慕名而来的消费者专门去胖东来打卡。在这种情况下，胖东来的售价高一点并不会被大家诟病。

但是作为遍布全国的民生超市，永辉超市如果提价，很多消费者是难以接受的。在这种情况下，永辉超市的经营成本比胖东来高，同时产品的定价能力还不如胖东来，可以用在员工福利上的利润自然就没有胖东来那么多。永辉超市无法让其员工成为当地的中高收入群体，也就难以达到像胖东来那样的服务水平。

很想听一下大家的意见，如果永辉超市只学到了胖东来的产品组合，但是没有学到胖东来的服务水平，这样的永辉超市会对你有吸引力吗？

欢迎在作者简介处找到联系方式，给我留言，分享你的观点。

社区营造

阿那亚文旅地产的社群范式

不只是房地产,更是社区

如果说中国最成功的非标地产项目是阿那亚,这个说法不会有太大争议。阿那亚发展十多年,只打造了六七个房地产项目,最知名的当属河北省秦皇岛北戴河海边的黄金海岸社区。

阿那亚的商业模式主要是卖房,但对许多业主来说,购买阿那亚的房子不仅仅是基于房屋本身,包括装修和地段这些常见因素,更重要的是他们希望成为社区的一部分。

阿那亚的社区状态非常独特，其创始人马寅分享过许多关于阿那亚社区运营的细节。早年，马寅在交房时建立了业主群，所有业主都可以在群里提出问题，他本人也会在群里及时回应，承诺 24 小时内给出满意的答复。如果问题复杂，他会在群里写小作文说明处理过程。

此外，业主还可以通过阿那亚的 app 给马寅写信，他自称"村长"而不是老板，这种称呼大大增强了社区的亲密感和互助精神。与传统房地产商不同，马寅会亲自关注业主的反馈，这种服务的细致程度在房地产行业中非常罕见。马寅还鼓励业主分享他们的生活和个人体验，即使是非常琐碎的事情，如窗帘清洗服务的问题，也会得到物业的关注和解决。

阿那亚还推出了业主公约，这是一份业主共同认可的社区准则。例如，公约中有关宠物的条款要求业主在享受宠物带来的快乐时，保持社区的卫生，清理宠物粪便，并确保宠物不会打扰他人。这些细节体现了阿那亚社区对居民生活质量的重视，以及对社区环境和邻里关系的维护。

这让阿那亚的业主感到，他们的生活是愉快的，他们的需求得到了尊重。每个人都有权利在社区中发声，这种感觉对业主来说非常好。这种社区氛围不断积累，形成了社区成员的自豪感和相互信任感。

良好的社区氛围会让现有业主感到满意,同时帮助阿那亚吸引更多潜在业主的关注。

阿那亚大概从十年前开始卖房子。从一开始每平方米1万元出头,到后来每平方米三四万元,海景房价格更高——阿那亚秦皇岛黄金海岸社区的房价一路上涨。阿那亚开发的项目越来越多,价格也越来越高,似乎可以不受全国房地产市场下行的宏观压力影响。

分析到这里,你可能会好奇,在整个房地产行业承压明显的今天,为什么阿那亚并不是地产行业里的大企业,却能活得这么好?

这就要从阿那亚的核心客群说起。

阿那亚的核心客群:北京银发一族

作为一个居住社区,一开始的核心客群决定了整个社区的调性。很多人会说,阿那亚的核心客群肯定是文艺青年。

经过媒体的反复渲染,大家都知道阿那亚在文艺青年群体中究竟有多火。时至今日,阿那亚被贴满了各种标签:网红打卡点、文艺乌托邦、中产阶级的精神后花园,等等。

实际上，阿那亚最初的核心客群根本不是文艺青年，而是北京市有较高收入和文化水平的中老年人——活力银发一族。

像阿那亚这种度假型地产，推广主要靠圈层推荐，第一批种子用户非常重要。阿那亚的第一批核心客户主要是资金宽裕、来自北京市的"50后""60后"。

这里面的道理非常简单，和我在前面章节分析银发一族时的结论是共通的。

第一，银发一族有钱。

在阿那亚买的房子，肯定不是家庭的第一套房。阿那亚的定位是海边度假屋，并不是日常生活的地方。对于买得起阿那亚房子的家庭，这是其第二套，甚至第三套、第四套房子。在2015年前后就能够负担起阿那亚海边度假屋的人群，他们已经积累了相当的经济实力，这些人并不是"80后"，更不是"90后"的年轻人。哪怕购买者是年轻人，其资金大概率也来源于上一辈。

第二，银发一族有时间。

买一套海边度假屋，必须得有时间去住才行。

阿那亚的创始人马寅曾经说过，秦皇岛项目99%的业主来自北京，只有 1% 是来自距离更近的天津和秦皇岛本地的客户。

从北京到阿那亚的距离谈不上很近。哪怕完全不堵车，从北京自驾到阿那亚也得三个半小时。一旦堵车的话，四五个小时不在话下。而从北京到阿那亚（北戴河站）的高铁班次又相对较少。

因为阿那亚距离北京市路程远，所以阿那亚的房子不可能是来自北京的业主唯一的房产。它更多是作为度假屋或周末休息的地方，所以购买阿那亚房产的业主很可能已经在北京事业有成，同时有宽裕的时间。

时至今日，这些业主大概率已经接近退休年龄，或者已经退休。

我每次跟并非居住在北京的朋友交流，提到北京人最喜欢去的周末短途度假胜地是阿那亚时，他们都显得非常诧异。无论是江浙沪还是大湾区，自驾一两个小时就能到达的好玩的地方非常多——所以大家并不理解为什么北京人喜欢自驾三四个小时去一趟房地产商开发的阿那亚。

对很多老北京人来说，到秦皇岛北戴河度假是从小成长经历的一部分，到北戴河就是一种情结。旅途虽然并不方便，但能满足"50后""60后"的精神需求。

阿那亚的业主里有很多资深的艺术家和文化人，例如电影导演和作家。这就是阿那亚社区会举办戏剧节、诗歌节和电影节的原因之一。北京聚集了大量的文化群体，他们在中国经济快速发展的三四十年中积累了不少财富，并且愿意为阿那亚的社区氛围付费。

文化人更注重生活体验和细节，因此他们成了阿那亚的核心客群，这个群体又赋予了阿那亚独特的气质。

旅游收入反哺社区业主

毫无疑问，阿那亚商业模式的本质是房地产开发，其核心营收是卖房子所得。

截至本书写作时，阿那亚正在运营的房地产项目——从最早起家的秦皇岛项目，到最新进入的崇礼和广州——全国只有6个项目。从数量来看，阿那亚是一家非常小型的房地产商。

阿那亚的特别之处在于，有这样影响力的房地产品牌，全国仅此一家。

虽然旅游并不是阿那亚商业模式的核心，但戏剧节、音乐节这些活动对阿那亚来说非常重要。作为旅游景点的吸引力使阿那亚的房子更加好卖。比如阿那亚最著名的标志性网红建筑——孤独图书馆，已经成为全网最火的打卡点之一。

阿那亚项目的稀缺性，反而成为其自身价值的体现。在旅游旺季的时候，阿那亚秦皇岛黄金海岸社区内的酒店动辄两三千元一晚，这样的价位堪比北京、上海，甚至是东京、香港的五星级酒店。

网上有没有对阿那亚的负面评价呢？肯定有，但这些负面评价的内容大都是"旺季太拥挤了""园区里面的服务跟不上""价格太贵了"。这些负面评价从反面衬托出了阿那亚在消费者的心目中有多火。

光是一个开发商主导的三线城市海边的偏远园区，阿那亚还不足以这样爆火。因为对很多旅游地产项目来说，卖了房子之后，业主一年最多过去住两三个月，剩下的时间里社区都是空城。

大部分旅游地产的配套设施很难发展起来，生活非常不便利，房价也就很难涨上去。热度像一阵风，来得快走得也快。

阿那亚依托其层出不穷的文化活动，吸引了那些还没有购买房产，但向往阿那亚的社区氛围和生活方式的文艺青年。他们每年会去阿那亚旅游一两次，参加各种活动。

有了众多游客涌入，阿那亚就可以告诉业主：买了房之后，在你不去住的那段时间，完全可以把房子出租给参加戏剧节和音乐节的游客。

通过出租可以把购房成本赚回来，这听起来像是天方夜谭。我身边有一些朋友，他们在早年购入的阿那亚房产，确实已经通过出租把购房成本完全赚回来了。房子还在，卖出时值多少钱都是纯利，还能通过出租不断产生现金流。

在全国这么多楼盘里面，通过出租可以把购房成本赚回来的，我听说过的只有阿那亚的秦皇岛项目。一旦越来越多的人知道这件事情，阿那亚的房子想不升值都难。

阿那亚精心举办戏剧节和音乐节这些大型活动，除了可以赚取旅游收入，更重要的是给业主带来了可观的房屋出租收入，使得业主的购房回报率更高，未来房子更加好卖。

对业主来说，想去阿那亚住的时候，随时可以过去，享受海边度假的感觉；不想去的时候，又能把房屋租给去参加活动的年轻人，真的是一举两得。

当然，随着阿那亚的房价水涨船高，通过出租把购房成本赚回来这件事情正在变得越来越困难。上述能够通过出租赚回购房成本的，仅限于早期购买的业主。而阿那亚早期的业主大部分是有钱有闲的老年人，这些人在投资阿那亚的房产上尝到了甜头，就会跟着阿那亚一起去投资更多新项目。

除了秦皇岛项目之外，阿那亚在北京周边还开发了河北的金山岭和雾灵山项目。这些项目的交通都不算方便，位于山郊野外。但是因为有忠诚的客群，阿那亚的房子一开盘就能卖光，而且价格都能到每平方米两三万元，远远高于当地房产的平均价格。

有一次我到雾灵山旅游的时候，问项目当地的工作人员，新项目的购房者当中有多少是最早秦皇岛项目的业主，他的答案是接近50%。

阿那亚作为房地产品牌，让人佩服之处在于它有粉丝效应。因为有一批忠实的早期粉丝，阿那亚的楼盘项目才能越来越多。甚至当阿那亚到南方的广州和三亚去开发项目的时候，还是这一批早期业主跟随过去买房。

这种粉丝效应不仅是基于网上所渲染的文艺氛围，还来源于实实在在赚到钱的回报。一起赚过钱的关系，比氛围和调性要坚固得多。

阿那亚的商业模式可以复制吗

阿那亚的商业模式具备很强的非标属性——特定的团队在一个特定的城市（北京），面向一类特定的人群，打造了一个特定的商业模式。大量房地产商尝试模仿，最终都宣告失败。

总结来看，阿那亚的商业模式可以分为三个阶段。

第一阶段，阿那亚与所有房地产商一样通过销售新房获利。对大多数房地产商来说，卖完房产这个项目就结束了。然而，阿那亚采取了完全不同的策略。

第二阶段，发展旅游业务。通过吸引文艺中产来参加活动和旅游，阿那亚赚取了与旅游相关的第二笔收入，包括住宿、餐饮和商业地产租金等。这个设计的巧妙之处在于，业主也能从旅游业务中获得实际好处。业主和社区运营者成为利益深度绑定的共同体。

旅游业务带动房产出租，使业主能够通过出租房产获得收益，甚至赚回购房成本。这样可以进一步提升房产价值。

阿那亚作为社区运营者赚取了利润，早期购房的业主也获得了收益，社区因此变得更加繁荣。

第三阶段，阿那亚在全国各地有限度地扩展，在其他地区打造类似的精品社区，吸引业主购买更多的房产。业主在获得收益后，会认为阿那亚是一棵摇钱树，愿意跟随阿那亚到其他地方购买房产。

阿那亚的社区概念不是针对项目所在地的居民提出的，而是依赖于一群忠实的来自北京的业主，无论阿那亚的项目在哪里，这些业主都会跟随购买。

即便业主不可能在每个地方长期居住，已经尝到挣钱甜头的业主仍然会跨地域购买阿那亚的房产。甚至传出，阿那亚正与合作伙伴共同开发位于北海道的滑雪社区项目，准备吸引同一批业主前往北海道购房。

阿那亚这种业主跨地域追随购房的商业模式，未来能否持续复制呢？这一点还需要持续观察。

在新开发的阿那亚广州九龙湖项目中，我看到了一些水土不服的风险。

在阿那亚九龙湖社区买房的主力还是原来的那批北京业主。北戴河距离北京大约三个半小时车程，可以在周末自驾出行；而从北京去广州要花的时间更久，这可能会降低人们的旅行意愿——既然旅途遥远，那么北京的业主可能会考虑飞往其他地方，寻找更好的旅游目的地选项。

阿那亚的广州新楼盘在当地并不知名，对广州本地消费者的吸引力不大，甚至很多广州消费者都没有听说过阿那亚。

在你看来，未来阿那亚可以成功扩张到全国其他区域吗？阿那亚的商业模式，是否只有在环北京地区才行得通呢？欢迎在作者简介处找到联系方式，给我留言分享你的看法。

城市名片
长沙从网红到长红

长沙的城市魅力

要说当下国内最火的旅游城市，一定少不了长沙。

如今深圳的商场挤满了香港游客，但最近我发现香港游客已经不满足于大湾区，也跑去长沙旅游消费了。

每逢香港的公众假期，长沙的市中心五一广场都会出现大量的香港游客。这得益于我国的高铁网络越来越发达。从香港西九龙高铁站到长沙南站，最快只需要3小时。

回看历史，你会发现自古以来长沙并不是多著名的旅游胜地。大部分游客途经长沙是为了去湖南省内其他更加著名的旅游景点，例如张家界，长沙仅仅是旅途中的中转站。但如今长沙越来越成为一个网红城市，游客也越来越多。

长沙的旅游火热，受益于年轻人旅游习惯的变化：从到景点排队打卡，到深入城市生活，吃喝逛街。以前，旅游代表着到远方的新奇景点，是远离日常生活的。如今，旅游就是生活本身的一部分。

我的"95后"同事曾和我分享：旅游时，可以和朋友在酒店里一起打牌一整天，而不需要去什么景点，花钱去人挤人的景点排队实在是犯傻。

这样一来，长沙的优势就越发凸显：充满市井风情的日常娱乐和吃喝消费，正是长沙的特色。

长沙的消费业态越来越火出圈，甚至投资圈里开始流传一个说法：投资人都喜欢去长沙当地蹲点看消费项目。

这些投资人里也包括我。我在长沙投资过两个项目，一个是三顿半咖啡，另一个就是2024年9月开业的东茅街茶馆。

提升消费者的停留时长，而非翻台率

东茅街茶馆是一个占地5 000平方米、还原老长沙历史文化的茶馆。

东茅街茶馆与长沙国金中心的奢侈品店几乎只有一街之隔。从高大上的欧洲奢侈品店过个马路，走进巷子，就能到达 20 世纪五六十年代风格的、充满了市井气和烟火气的老长沙茶馆，这给人一种穿越时空的感觉。

相比拍照打卡的年轻人，东茅街更普遍的消费群体是本地的老年人，他们在这里喝茶吃饭，东茅街茶馆的产品价格也不贵，一碗茶 8 元，一份花生或瓜子 5 元。

此前我曾在战略会上和东茅街茶馆的创始人交流，如果这些顾客只消费 10 元，但是从早坐到晚，翻台率和收入问题怎么解决？可能的解决方案有两个：一是提高价格；二是适当提醒已经完成消费的顾客离开，提高店内空间的利用效率。

但创始人否定了这两种方案。他说："只有餐饮品牌才会看翻台率，东茅街茶馆的志向是做一个文旅品牌，应该关注的核心指标是消费者的停留时长，而不是翻台率。"

翻台率和停留时长是两个互斥的指标。餐饮品牌都追求翻台率，而文旅项目的吸引力是通过停留时长展现的。解决收入问题，靠的是创始人对顾客的洞察——"虽然客单价较低，但如果顾客真的在这个空间里从早待到晚，大多数的正常顾客都不会只消费几块钱"。

东茅街茶馆也出售长沙风格的伴手礼和文创产品供游客选购——这些消费的可能性，都建立在深度联结之上。

对消费者来说，停留时长越长，意味着可能产生的消费越多。因为在消费空间停留的时间越长，消费者黏性就越高，产生的联系就更加深刻。不只是茶馆业态，所有的文旅娱乐体育产业，都可以从这个角度思考。

我参加体育和文化行业的产业会议时，经常听到类似经营思路的分享。

我曾听著名体育赛事 IP"中国网球公开赛"主办方的总经理分享过这样的观点：每一年的目标都是希望每个消费者在场馆中的停留时间能比前一年多半小时。对网球赛事来说，这个逻辑非常清晰。消费者在场馆中停留的时间越长，意味着可能产生的消费越多，为赛事主办方带来的收入就越多。

经营体育 IP 的思路也适用于澳门的娱乐行业。在澳门，娱乐公司也是体育活动主办方，会积极承办全世界的体育赛事。因为澳门的娱乐公司很清楚，单纯来澳门旅游的人，产生的消费金额会显著低于来澳门观赏体育赛事或参加演唱会的人。来澳门参加体育文化活动的消费者在澳门停留的时间往往更长，这批消费者本身的消费能力也相对更强。

近年来流行"特种兵旅游"，3天打卡5个城市，发生在旅游目的地的消费并不多。越来越多的城市愿意主办音乐节、演唱会等文旅活动，就是希望拉长游客的停留时长，带动城市其他消费场景。

在过去的商业世界里，无论是投资人还是创业者，通行的逻辑就是追求复制：标准化复制到万店，遍布每一个县城，就是企业的最大成就。时至今日，已经有越来越多的人思考非标业态的稀缺性带来的价值，思考与消费者建立更深度的联结。

毕竟，无论是北京的中国网球公开赛，还是澳门承办的世界级体育赛事，都不属于可以标准化复制的稀缺IP。

在日本考察茑屋书店的时候，我也感受到了同样的逻辑。茑屋书店将一部分空间改造成共享办公区域，而不是用来进行商品售卖。对长时间待在茑屋书店的消费者来说，茑屋书店内部发生的消费可能性非常丰富，不仅可以在此购买书籍和文创产品，还可以购买美容仪、家居用品、服饰等。对茑屋书店来说，只要消费者一直待在空间里，总有机会完成转化。

消费者停留的时间越长,与企业产生的关联越深,就越有可能发生更长久的商业联系。

细节体验复杂化

说到长沙消费,"老大哥"当然就非茶颜悦色莫属了。

前面章节分析过,茶颜悦色多年来深耕原叶轻乳茶类目,但霸王茶姬后来居上,在门店数量上已经超过茶颜悦色。

思考霸王茶姬和茶颜悦色的竞争格局,我得到了一个有意思的洞察:霸王茶姬擅长把复杂问题简单化,而茶颜悦色则擅长把简单问题复杂化。

为什么这么说?霸王茶姬在三年时间里,靠着伯牙绝弦等少数大单品,从默默无闻到在全国范围内开出几千家奶茶店,可以说是把餐饮经营尽可能简单化,才能实现火箭一般的发展速度。

茶颜悦色刚好是霸王茶姬的反面,它拓展到其他省市的速度很慢,一直非常谨慎。

茶颜悦色主打的原叶轻乳茶类目,配料就是茶、奶和基底乳,不涉及新鲜水果处理,可以说是茶饮赛道中制作和出品最简单、效率最高的类目。

虽然奶茶的制作流程相对简单，但是茶颜悦色在提供饮料之外，主动在长沙提供了类似城市"基础设施"一样的非标化服务。

我们来看看茶颜悦色是如何主动把简单问题复杂化的。比如，茶颜悦色的很多门店会提供自取的温水；会提供可以分享心情的留言板、笔记本，方便大家留言分享，茶颜悦色自己也会在上面写一些鼓励的话，如"生活百般滋味，人生需要笑对"——茶颜悦色不仅卖饮料，还提供情绪价值；还有一些门店提供快递寄取和雨伞租赁服务，甚至有门店设置了急救药箱供大家使用；在等待奶茶制作的几分钟里，茶颜悦色还准备了小游戏，让顾客在门店等候期间不至于无聊。

这不禁让人困惑，茶颜悦色作为一个产品力有口皆碑的茶饮品牌，为什么要如此追求门店的服务细节？作为消费者当然能感受到它的无微不至，但是从业务发展的角度看，如此注重服务，使得本该可以像霸王茶姬一样标准化快速复制的茶饮门店模型，在扩张过程中的复杂性大幅提高。

据我观察，茶颜悦色之所以主动提供这些服务，更多是出于品牌自身的理想化坚持。茶颜悦色希望自己成为长沙的"城市名片"，希望自己对门店温度和公共服务的追求，能够在长沙消费者心中占据独特的地位。

茶颜悦色在长沙如此用心地经营服务，这些服务一定在本地消费者中积累了很强的口碑和正反馈，这也是品牌的壁垒所在。但是如果品牌快速扩张到其他城市，这些细节很难被完全复刻和把控，反而会带来很大的"翻车"风险。

在某种程度上，茶颜悦色扩张的难度和星巴克早期有点相似。没有体验过早期星巴克服务的人，只能从其创始人舒尔茨的书里感受星巴克当时的理想：要做连接人与人的生意，而不是咖啡饮料的生意。但至少在今天已经遍地开花的星巴克店里，很少有消费者能够感受到"人与人之间的温度"。

几乎所有茶饮品牌都开放了通过微信小程序线上点单再到线下取餐的服务，但茶颜悦色还是坚持尽可能让用户到店点单。在黄金地段的茶颜悦色，一度关闭了线上预点单的通道。

即使茶颜悦色已经全面开放了线上预点单服务，用户到了门店也需要核销二维码。核销成功后，店员才会开始做饮品，人多的时候还要现场排队核销。现场点单和线上一样，先点单再核销——点一杯奶茶需要排队两次，确实是闻所未闻。

这样的流程，让习惯了线下到店马上取餐的用户怨言颇多。茶颜悦色的官方理由是：为了保证更好的体验，希望给消费者最新鲜的饮品,因此到店核销后才会开始制作。

茶颜悦色对服务细节的执着让人佩服,甚至有种古典的美感。

长沙品牌的优劣势

一浪接一浪的消费品牌创新,从侧面反映出长沙这个网红城市的影响力持续高歌猛进。

为什么长沙这么受欢迎

长沙受欢迎的第一个原因,也是长沙最大的特点,就是房价不高。根据第三方研究机构发布的房价报告,长沙新房的均价是1.1万元每平方米,而与长沙经济体量相近的安徽省省会合肥,新房的均价超过2万元每平方米。

易居研究院发布过一个全国50个典型城市的房价收入比的排名,长沙的房价收入比排在第50名,倒数第一。这说明长沙的房价相对它的居民收入而言,是50个城市里最低的。

房价不高这个特点,还引出了长沙受欢迎的第二个原因——年轻人多。

2013年,长沙的常住人口是722万人。到了2023年,长沙的常住人口达到 1 051 万人。在这 10 年的时间里，长沙的常住人口增长了近 46%，每年的平均人口增量超过 30 万人。

从 2022 年开始，我们国家的人口出现了负增长。在这种情况下，一个城市人口的增加就意味着其他城市人口的减少，因此不同的大城市之间抢夺年轻人的竞争越来越激烈。北京、上海以外的几乎所有城市都取消了落户限制。

一个城市如果年轻人多，同时房价不高，就很适合企业的经营。因此，长沙涌现出非常多有意思的新型业态。

我有一个做消费创业的长沙朋友，他的公司以前总部在上海，几年前搬回长沙。聊天时我问他，回到长沙经营和之前在上海相比，一年经营成本可以节省多少？他告诉我，光是人员和房租费用，这一家几十人的公司，一年在长沙能够比在上海节省几百万元。这个数字真的非常惊人。

从消费品牌的供给侧来分析，一旦经营成本比较低，就会有越来越多的人愿意去尝试各种各样的创新创业。

从需求端来看，我们也能感受到新一代消费者在旅游消费时需求的变化，长沙也从这一变化中获益。

长沙的旅游景点和自然风光不算丰富。但一个有意思的现象是，新一代年轻人在旅游的时候，越来越不追求逛景点了。他们希望把旅游当作日常生活的一部分，不去凹造型，不去那些仿古建筑里排队，而是在城市里面逛吃逛吃。

去很多景点排队，确实是花钱遭罪。不如喝一杯茶颜悦色，买几个鸭脖，在文和友里面吃小龙虾——这样的旅游体验反而更加吸引年轻人。

在所谓"消费降级"的大环境中，长沙充满市井气和烟火气的消费文化非但没有受到影响，甚至还受到了追捧。不少人觉得，一杯茶颜悦色的奶茶也就十来块钱，属于平价的日常消费，并不是什么高端奢侈品。长沙大量的消费品牌都很接地气，这种好吃不贵的消费体验，对消费者的吸引力越来越强。

在长沙的消费业态中，高大上的购物商场并不算多。除了以奢侈品为主导的国金中心外，长沙其他的购物中心跟同为新一线城市的成都的众多购物中心相比，档次和气派程度的差距非常大。长沙有许多吸引人的路边小店和大排档，大学生和刚毕业的年轻人完全消费得起，很适合"特种兵旅游"。

长沙的消费业态从不走高大上路线，因此对于全国各地的消费品牌从业者都具有借鉴意义。

我再举个有意思的例子。长沙有一家湘菜馆叫"笨罗卜",这家店在全国范围内的知名度没有那么高,但是排队的人却一点都不少。我去长沙出差的时候,工作日去笨萝卜吃饭,我到的时候是晚上六点,前面已经有几百个人在排号等座。

此情此景让人感慨,每次到长沙,都会对中国消费的未来有更大的信心。

出差回来后我研究了一下笨萝卜。这家湘菜馆之所以吸引人,除了饭菜好吃之外,一个很重要的原因就是人均消费低。去笨萝卜下馆子,人均消费五六十元,价格是非常亲民的。

比笨萝卜知名度更高的长沙餐厅,当然就是文和友了。文和友曾经试图走出长沙,发展到广州和深圳之后都出现了水土不服的情况,其中广州文和友已正式撤场。但直到今天,长沙的文和友依然处于旅游旺季经常排队的状态。文和友在长沙的商业版图也早已不局限在小龙虾餐厅,它正在跨界做民宿,想去抢酒店的"蛋糕",甚至还拿地做起了商业地产项目,运营起了新型的特色购物中心。

尽管很多长沙消费品牌出了长沙都水土不服,但它们在本地背靠长沙得天独厚的网红城市属性,依然活得很好。

以茶颜悦色为例,虽然其在全国扩张上比不上对手霸王茶姬，但茶颜悦色在长沙本地的耕耘越来越深，已经开出了让人目不暇接的业态——不仅有柠檬茶品牌，可以坐下来聊天的茶馆、咖啡店，甚至还有小酒馆、折扣零售店。

这些长沙消费品牌的特点，就是都有细致入微的用户体验设计能力。很少有长沙品牌是同质化的、面目模糊的。无论是全国知名的茶颜悦色、文和友、三顿半，还是最新崛起的东茅街茶馆，都有自己鲜明的特色。

说了这么多优点，**那长沙消费品牌有什么限制其发展的缺点吗？**

长沙消费品牌的优点和缺点，可以说是同一特点的一体两面。它们非常擅长创造细致的用户体验，但并不擅长流程标准化以提升效率、进行标准化的复制和扩张——茶颜悦色被霸王茶姬在门店数量和营收上超越，部分也是源于这种"重体验、轻效率"的特性。

作为消费者，你觉得茶颜悦色的细致服务体验有价值吗？你觉得应该如何平衡对效率和体验的追求？欢迎在作者简介处找到联系方式，给我留言分享你的观点。

随着市场竞争日益激烈,那些容易发现的市场机会早已被抓住,商业世界里简单易摘的果子越来越少。

可以这么说,国内经济增速放缓之后,全球化就是中国企业最显著的增量空间,甚至没有之一。

对于全球化,很多人喜欢用"出海"来形容,甚至有句网络流行语说:不出海,就出局。

我的观点是,未来"出海"将成为常态,以至于不需要将其视为一种特有的现象、特地用一个专有名词去描述。可口可乐和宝洁作为美国企业,数十年前开始进入中国市场,正是最常见不过的发展思路。美国企业不会认为自己是在专门出海,全球化就是日常经营的一部分。

未来的企业如果没有全球化经营,反而是一件怪事。

我们以电商行业来举例。目前国内的电商渗透率已经逐步见顶,网上零售额占社会消费品零售总额的比重近30%。这样的电商渗透率水平,在全球范围内都是非常高的。相比之下,美国的电商渗透率在20%左右,日本更是只有10%左右。

2024年,拼多多位居国内电商市场GMV的第二名,作为老大的阿里巴巴的GMV依然保持在拼多多的1.5倍左右。目前,阿里巴巴国内电商的GMV增速已经放缓,而拼多多仍在以接近20%的年化增速追赶,但其增速也在下滑。

在国内电商大盘整体增速下降到个位数的环境下,拼多多作为后起之秀,想要在国内电商市场赶上阿里巴巴,难度很大。

海外蕴含着更大的机会。虽然财报里拼多多未正式公布具体数字,但其跨境电商平台Temu在2022年9月上线后快速增长:外界推测Temu 2023年的GMV达到150亿美元,2024年的GMV进一步提升至400亿~500亿美元。这样迅猛的增速,使得拼多多成为真正的全球化企业。

拼多多未来的想象空间在于两个"第二",即中国电商市场的第二和中国以外的全球电商市场的第二。中国电商市场的第一名是阿里巴巴,全球电商市场的第一名是亚马逊,两者的地位都相对稳固。拼多多在国内电商市场早已成为第二名,而全球电商市场的第二名也并非遥不可及。

在这样的大背景下,拼多多的市值在过去几年里一度超越阿里巴巴,其创始人黄峥也一度登顶中国首富,拼多多的成功得益于其想象空间极大的全球化业务。

分析全球化机遇，我们先从消费者行为日益全球化的趋势切入。这一趋势会给只专注国内市场的企业带来意想不到的难题。

接下来，我们对照日本企业的全球化历史，来看看比我们更早开始走向海外的日本企业，有什么值得中国企业借鉴之处。

最后，我们以名创优品和泡泡玛特这两个典型案例，来展望未来中国企业在全球化道路上将面临什么样的机遇和挑战——企业应该具备什么样的能力，才能顺利走进全球市场。

跨境消费潮
国际旅游恢复的连带影响

港人北上消费

十五年前,我在香港大学读本科。那时有不少亲戚让我逢年过节回家时,从香港多买一些东西带回去。

随着香港自由行的发展,2018 年是香港消费行业最辉煌的一年——这一年内地访港旅客超过 5 000 万人次。自由行最火爆的时候,内地消费者每逢到香港,都会把当地的奢侈品、化妆品、高端婴儿奶粉等商品扫荡一空,以至于香港特别行政区政府要出台限购令。

时至今日,内地消费者到香港想买的东西不多了,反而是香港的消费者纷纷北上到深圳购物。

2023年，香港人北上内地的总人次是5 300万。香港目前的人口在750万人左右，全年5 300万人次北上内地，意味着每个香港人平均一年来内地7次。

整个2023年，14亿内地居民南下香港约2 676万人次，而750万香港人北上内地的次数，比14亿内地居民南下香港的次数还要多近一倍。

香港人到内地会消费什么呢？最熟悉的例子，当然就是山姆会员商店和开市客。深圳和珠海的山姆会员商店受惠于香港人北上的热潮，单店的日均销售额直接飙升到六七百万元，年销售额达到20亿元以上。

山姆的老对手开市客2024年在深圳开店，深圳第一家开市客正式开业的那天，有几千人排队进场，出动了600名警察在现场维持秩序。一天之内，开市客办出13万张会员卡，相当一部分是由香港人贡献的。现场的情况堪比春运，很多人要排队3小时才能进去，出来结账也要排队1小时。

香港人逛这些超市就像逛景点一样。很多旅行社看到商机，还专门组织购物团。大巴把香港游客送到深圳的山姆或者开市客，晚上再接回香港，这样就是一个周末购物团。

有一个山姆的店员说，他曾看到一个香港顾客在店里面盯着那些商品一直笑，他忍不住去问这个香港顾客，你在笑什么呢？这个香港顾客非常开心地告诉他，这些东西都实在太便宜了，而且他从来没有见过。

为什么香港人热衷于在内地消费呢？有两个核心原因。一个原因是价格便宜。另一个原因是产品丰富。产品丰富这件事实际上更加重要。原来人们喜欢去香港买东西，大多是因为很多东西在内地买不到。但这个时代已经过去了，内地电商已经高度发达，消费者能通过内地电商买到的商品堪称全世界最丰富。

十多年前，我刚开始从事创投行业，那时候最火的一个创业方向叫海淘。别说创业者了，最近几年还有消费者会经常提到海淘这个词吗？已经很少有人关注了。境外商品的吸引力正在下降，而境内商品的竞争力在不断提升。当下很多人讨论的创业方向是跨境出海、征战全球。

过去几年是内地消费行业竞争最激烈的几年，各种各样的新产品层出不穷。香港本地的大部分商品都靠从外面输入。从欧美输入的产品，制造的源头很多也是在内地。所以，内地消费行业相对于香港有巨大的发展优势。

内地丰富的消费选择在社交媒体上被快速传播和扩散。

在抖音、小红书这样的平台上，香港消费者可以快速看到深圳有什么新鲜的网红店开业了，或者山姆和开市客又上了什么有意思的新品。

甚至有香港人在小红书上分享，他们会在美团上叫外卖，送到罗湖口岸，他们专门到罗湖口岸去拿外卖。

香港人越来越喜欢到内地消费，而越来越多的内地消费品牌到香港开店，把香港作为它们全球化经营的第一站，两者背后的道理是完全一致的。

2023年年底，蜜雪冰城开出了它在香港的第一家店。蜜雪冰城并不是什么网红店，就是普通的大众茶饮店。它的产品在香港的售价比内地的贵了近一倍，但是在香港开业的第一天，香港人为它排起了长队。

高端茶饮品牌就更不用说了，它们更早地开出了香港首店。2019年，奈雪的茶把店开到了太平山山顶广场，店里饮品的价格比内地的定价贵了一倍左右，一杯奶茶要三四十港元——因为租金太高等原因，这家店后来倒闭了。

内地品牌进入香港，定价翻倍是常事，因此怪不得蜜雪冰城这么受欢迎，因为涨价了近一倍之后，它依然是最便宜的茶饮。

香港消费者也没有见过这么丰富的水果茶口味。如果在香港想喝一杯现制的饮料，一般会去茶餐厅点一杯冻柠茶或者港式奶茶，但这些饮品过去几十年都没有变化过或迭代过。

喝一杯带有新鲜水果的饮品，在内地品牌进入之前，香港消费者是难以想象的。

目前来看，香港依然能够保持的消费优势只在于国际化的高端服务业——金融、艺术、电影、国际展会等跟国际交流互通密切相关的领域。在和实体经济最密切相关的商品的本地消费上，香港未来的劣势会越来越明显。

对很多内地的消费品牌而言，香港市场是它们迈向星辰大海的第一步。香港人在很多消费习惯上跟内地居民非常相像；对很多企业来说，香港市场这道题最熟悉、最简单。

港人北上，企业南下——这就是时代潮水的方向。

奢侈品跨境消费的连带伤害

跨境消费的趋势滚滚向前，中国的中产人群看上的一个临近目的地是日本。

消费的全球化趋势给哪些企业带来了影响？让人惊讶的是，其中一个明确输家，居然是跨国奢侈品集团。

在很长一段时间内，奢侈品品牌在中国市场都是高奏凯歌。但是 2024 年起，情况发生了很大变化，很多头部奢侈品品牌在中国市场的业绩开始下滑。

很多人说这是因为经济增速比以前慢，导致消费能力下降，这固然是一个重要原因。但是还有另外一个重要原因，就是疫情后出境游的复苏。奢侈品的消费人群属于社会中相对高净值的人群，疫情之后这个群体的跨境消费，尤其是跨境奢侈品消费正在快速复苏。

很多人会质疑，出境游的影响真的有这么大吗？这是主观臆测，还是有客观依据？奢侈品品牌的财报就给我们提供了最好的判断依据。

20 世纪 80 年代是日本经济的巅峰时期，日本消费者曾经大肆采购奢侈品。基于日本市场在奢侈品消费历史上的重要性，奢侈品集团直至今天，依然在财报中把亚洲市场分成两个部分：一部分是日本市场，另一部分是除日本以外的亚洲其他市场。

奢侈品集团的区域分化

通过分析财报，我们会发现一些非常有意思的现象。

我们首先来看世界上最大的奢侈品集团 LVMH（路威酩

轩）2024 财年的财报。2024 财年它的业绩比较一般，整个集团的销售额同比下降了 2%，利润更是下降了 14%。在其所有的主要市场中，美国市场的销售额下降了 1%，法国以外的欧洲市场增长了约 3%——几乎就是通胀的水平。但日本市场销售额的增速领先全球，全年增长了 18%。相对应的是，亚洲除日本以外的其他地区销售额下降了 12.5%。

然后来看世界第二大奢侈品集团开云集团 2024 财年的财报。开云集团的业绩更加极端：整个 2024 财年，在世界上所有的主要市场当中，只有日本市场的销售额是正增长的。

如果看到这些数据，我们就下结论说世界上大部分地区的经济都不景气，日本经济一枝独秀，那么就大错特错了。

汇率杠杆下的消费转移

2024 年上半年，日本的 GDP 同比几乎没有增长，由于货币贬值，换成美元计算后甚至还是负增长的。

在日本经济疲软的同时，它的奢侈品消费能够迅速增长，得益于国外游客的涌入。2024 年 6 月，日元兑换美元的汇率创下了 1986 年以来的最低水平。在此情况下，日本国内的奢侈品对外国人来说变得更便宜了。

日元贬值使日本成了亚洲的奢侈品消费首选地。日本国家观光局公布的统计资料显示，2024年5月入境日本的游客人数同比猛增了60%。

因此，2024财年奢侈品集团的财报里的日本市场增长并不完全来源于日本本土消费，也来源于国际游客的消费。

这种现象对于奢侈品集团实在不是好事。由于日元的汇率低迷，把日元收入换算成欧元收入之后，奢侈品集团的利润会下降。

因此从2024年五六月开始，奢侈品集团集中上调在日本所售的奢侈品的价格，以期不要有那么多消费者冲去日本购物。

高端商业地产的寒冬

奢侈品的跨境消费热潮还会连带伤害境内的高端商场。恒隆地产发布的2024年半年报显示，恒隆地产上半年的净利润居然下降了约55%。恒隆地产旗下的恒隆广场是中国高端奢侈品消费最集中的商场之一。日本旅游的重新崛起，大幅伤害了恒隆地产的生意。

受影响的还有一个由高端消费主导的商业地产公司太古地产。它在中国有六个已落成的项目，包括成都太古里和北京三里屯太古里。这六个项目中的五个在2024年上半年销售额同比下降，其中上海的兴业太古汇同比下降接近 20%，成都太古里同比下降 17.2%。

有人欢喜有人愁。出境游市场的代表性平台当然是携程了。对于出境游复苏这个大趋势，携程的投资人纷纷感到兴奋。在疫情结束后的两年内，携程也是在美国上市的中概股中股价表现优异的公司之一。

高端商业地产和奢侈品消费，这两个行业看上去和出境游并没有太大的关联，实际上是牵一发而动全身。出境游的火热直接导致了奢侈品品牌境内业绩的下降，也间接导致了高端商业地产公司的收入下滑。

除了本章分析的行业，你认为还有什么行业会在消费者全球化流动的大趋势下受损呢？反过来说，又会有哪些行业得益于此呢？欢迎在作者简介处找到联系方式，和我分享你的观点。

日本经验
品牌的全球化得失

全球化的征程，中国企业刚刚上路，未来将是星辰大海。相比之下，日本企业从20世纪90年代开始探索全球化，2000年后大规模国际扩张，比中国企业早了二三十年。

20世纪90年代，优衣库创始人柳井正是当时日本企业家中全球化决心最强的人之一。在21世纪初的一场战略会上，他的开场白坦诚而坚定：只想在日本卖衣服，那么恐怕连日本市场都保不住。

柳井正这番话的意思是，日本市场不够大，如果只守着日本市场，很难和全球顶尖品牌竞争。不如主动出击，在国际舞台上壮大自己的实力。

日本企业全球化拓展到今天，成绩有目共睹。以优衣库和无印良品为代表的众多日本企业，都在正确的时间进入了中国市场，在命运女神的眷顾之下，赶上了中国经济的腾飞期。

对中国消费者来说，很多日本品牌都耳熟能详，是日常生活消费中的常见选择。

无论是服装行业的优衣库、生活家居行业的无印良品、餐饮行业的萨莉亚，还是在内容这样的精神消费领域，过去三十年日本企业都在全球市场，尤其是中国市场，赢得了属于自身的市场份额。

在这一章，我们来看看各行各业的日本企业的全球化探索对当下的中国企业有何启发。

启发一：全球化是提升品牌形象的好方法

代表案例：优衣库

很多企业都面临着一个难题，怎样提升自身的品牌形象？没有品牌想被大家认为是低端货。成为中高端品牌的好处太多,可以少打价格战,避免内卷。

我们来看看,优衣库作为大众化服装品牌,当年是怎么提升品牌形象的。优衣库在日本刚做起来的时候,给人的印象就是低端的廉价品牌,跟淘宝上淘品牌的感觉是类似的。

优衣库进行品牌升级的做法,可以概括成一个核心结论:进入其他国家的市场。当优衣库在其他国家的全球化业务取得成功时,在本国市场提升品牌形象就会变得容易了。

20世纪90年代,日本国内经济泡沫破裂,经济下滑,全社会陷入通缩状态。日本的企业普遍有非常强的危机感。

从1990年到2010年,日本消费者平均每月花在服装上的消费额下跌了近50%——这个变化反映了整个服装消费的萎缩。20年内消费者的平均服装消费支出减少了近一半,但是优衣库却逆势崛起。

1990年,优衣库的年销售额才51亿日元,折合成人民币也就几亿元,还属于一个中小型企业。

20年之后,以优衣库为核心事业的迅销集团2010年的销售额比1990年涨了约159倍,达到了8 148亿日元,利润更是涨了1 000倍以上。在这样惊人的业绩背后,优衣库做对了两件事情：第一件事是做价格低廉的产品，去适应时代的通缩环境；第二件事就是通过全球化来提升品牌形象。

2009年，优衣库已经大有成就，但是柳井正的心中还是充满了焦虑——因为优衣库的低端形象在日本国内深入人心，给人的感觉有点像今天的拼多多，就是卖便宜货的。日本市场本身不够大，同时经济正在下滑。优衣库占领日本市场主要靠的是高性价比。论及在消费者心目中的价值感，优衣库很难和ZARA这样的欧洲品牌相媲美。

当时有很多观察者认为，优衣库这种企业的存在，实际上助长了日本的通缩。日本媒体上还出现了一些极端的评论，例如2009年有一篇影响力很大的评论文章，题为"优衣库荣而国灭"。可以看出，优衣库当时在日本国内的风评一般。评论者认为，这种销售低价产品的企业做得越好，越会加剧经济的不景气，这也影响了部分民众对优衣库的看法。

我再分享一件有意思的事。上一次去日本考察的时候，我有机会和优衣库的一位高管进行了一个下午的闭门讨论会议。

在这个会议上，这位高管分享了他的亲身经历。二十多年前，他成功通过面试进入优衣库任职。他非常开心，马上打电话把这个好消息告诉了母亲。

没想到母亲在电话另一头听到这个消息之后，不但没有恭喜他，而且表达了愤怒，告诉他：放弃外企会计师事务所这种好工作，入职一个卖低端货的企业，这个决定太傻了。

这件事充分说明，在当时日本老百姓的心目中，优衣库的企业形象是比较低端的。

后来发生了什么事情，提升了优衣库的品牌形象呢？最重要的一件事情就是优衣库在全球舞台上获得成功，使其成为日本企业在全球必不可少的脸面，这使它在国内的认同度不断提升。

2023年，优衣库海外业务的收入占其母公司迅销集团收入的一半以上。时至2024年，优衣库在日本国内的收入只占优衣库整体收入的35%。优衣库成了一个不折不扣的国际化品牌。

中国市场是优衣库最成功的海外市场，2024财年的收入超过300亿元，占迅销集团总收入的20%以上。很长一段时间以来，中国市场成了优衣库增长的支柱。从门店数量来看，其在中国市场的门店数量最多，有1 000多家，比日本国内的门店数量还要多。

柳井正之所以多年位居日本首富的宝座，得益于他当年在正确的时间采取了全球化的战略，尤其是进入了中国市场，享受了过去20年中国经济腾飞的红利。

优衣库进入中国的时候，可能也难以预测中国市场后面会迎来如此大的发展红利。当然，发展到今天，伴随着基数越来越大，以及各种相关争议，优衣库的中国业务要继续增长也变得乏力了。

如今，优衣库又找到了一个增长空间，那就是北美市场。

优衣库作为一个亚洲品牌，要获得欧美消费者的认可，长期以来要比赢得中国市场更加困难。众所周知，在大众化服饰这个领域，欧美有非常强大的本土品牌。H&M和ZARA这些品牌在欧美的市场份额一直比优衣库要高很多。从优衣库2024财年的财报可以看出，它在北美市场的收入为2 177亿日元，相当于108亿元人民币——仅为优衣库中国市场收入的三分之一。

截至2025年7月，优衣库在美国只拥有74家门店，它在美国的门店数量比名创优品在美国的门店数量还要少很多。

但优衣库决心在未来三年内让自己在美国的门店数量增加到200家以上。优衣库在欧洲市场的发展水平跟在美国市场差不多，未来也有非常大的发展空间。

为什么成为一个全球化的企业，对于优衣库的品牌形象如此重要呢？道理非常简单。大部分消费者都会觉得在全球范围内能够成功的品牌，品牌调性会更高，自然也更加容易接受品牌的溢价。

国内已经有不少走全球化路线的品牌获得了成功。最典型的就是消费电子领域里的安克和大疆。

这两个品牌都是先进军海外市场，而且在海外市场定位中高端。当它们回到国内市场进行销售的时候，其产品售价会比国内其他品牌的同类产品更贵。

更多品牌是像优衣库一样，先服务好国内市场，再通过全球化提升品牌影响力。小米在海外市场尤其是欧洲市场卖出的小米手机，每一部手机的价格都远高于国内市场。小米在海外卖手机的收入，也早已超过其在中国市场卖手机的收入了。

一个品牌要直接改变国内消费者对它的固有认知是很困难的，倒不如另辟蹊径，从海外入手。获得海外消费者的认可后，更容易获得国内消费者的青睐。

当下我们经常听到的一个词就是内卷。大家都在降价，都在打价格战，最后企业都没什么利润了。

这样下去企业可能会裁员，劳动者面临的失业风险会增加。哪怕不裁员，薪资增长可能停滞，甚至引发降薪。所以我们不要觉得，东西变得越来越便宜对消费者是好事。东西卖得便宜，意味着劳动者的收入降低，会进一步导致商品价格下降，进而形成通缩的恶性循环。

优衣库在世纪之交时面对的商业环境跟今天中国企业的情况有几分类似。柳井正做出的决定就是一定要走出日本，这个选择在今天回看是无比正确的。

启发二：品牌需要根据竞争变化调整海外定位

代表案例：无印良品

无印良品也是一个吃到全球化红利的日本品牌，尤其是在中国市场。

和优衣库类似，无印良品40余年的品牌发展历程里有两段大发展时期：第一段是20世纪90年代，它在日本崛起，靠的是经济泡沫破裂后消费者回归性价比；第二段是2005年到2018年，它凭借主打"消费升级"的中高端定位进入全球市场。

先来看第一段大发展时期。

无印良品销售额的产品构成，首先是家居，其次是服装。这两个行业的市场规模在日本经济泡沫破裂后都下滑了，但无印良品在日本经济最差的 20 世纪 90 年代依然实现了逆势崛起，靠的是"性价比"这张王牌。

在 20 世纪 80 年代创立之初，无印良品这个名字的字面含义就是"没有 logo 的好产品"，代表了不要品牌溢价、没有大牌 logo，依然能提供高品质产品的价值取向。

在泡沫经济时期，日本的消费者大量地购买奢侈品，日本一度成为全世界最大的奢侈品消费国。但是物极必反，整个 20 世纪 90 年代，日本的消费者都处于对过去乱花钱的反思当中，这个时候无印良品跳出来告诉大家说，我们应该回归生活的本质，拒绝那些你不需要的过度包装。

这样的理念深深地打动了日本消费者，它代表的是消费社会高度发达之后的返璞归真。

无印良品是一个定价较低、面向全体日本人的国民品牌，通过性价比赢得市场。直到如今，日本人依然非常爱光顾无印良品。2020 年日本的一项社会调查显示，46.5% 的受访者表示每个月会逛一两次无印良品，约 10% 的受访者会每周光顾一次。

无印良品在日本经济最差的十年（1990～1999 年）里，

销售额涨到了原来的 4.3 倍，净利润涨了 153 倍，2000 年在东京证券交易所一部成功上市。

2000～2008 年，无印良品发展平平，进入了发展瓶颈期，但它的成长故事没有就此结束。2008～2018 年，它迎来了由全球化带动的第二春。

在第二段大发展时期，无印良品依靠的就是日本品牌的全球化大趋势，尤其受益于中国市场的崛起。

2005 年，无印良品正式进入中国内地市场。那个时代是中国的消费社会和品牌意识爆发的前夜，2003 年到 2007 年，中国每年的 GDP 增长都超过 10%，大家的钱包越来越鼓了。

从 2005 年到 2018 年，尤其是 2008 年的金融危机之后，无印良品在中国迅猛发展，也间接助力其上市公司的市值从金融危机时的最低点，最高上涨 10 倍。

目前无印良品的海外收入在整个公司的收入中占比超过 40%。2024 财年无印良品的全球收入约为 317 亿元，而其海外收入有 131 亿元。

在欧美市场，无印良品是水土不服的。日系简约风的商品并不符合欧美消费者的审美取向。2020 年，无印良品就宣布它在美国的子公司要破产了。当时其美国子公司负债高达6 400万美元。

因此中国市场对无印良品来说非常重要。中国是其当之无愧的最大的海外市场，在这131亿元的海外收入中，其中国市场的收入占近一半，约为57亿元。

无印良品的第二春，在股价上体现得更加明显。在2008年的金融危机之后，从最低点到最高点，其股价翻了七八倍。

无印良品在第二段大发展时期的辉煌，靠的正是在中国市场的蓬勃发展。无印良品在2005年进入中国，那时候中国消费者已经做好准备，迎接全世界的好东西。

而且在中国市场，大家不会将无印良品与性价比联系在一起。

当时的中国消费者，愿意花更多的钱，尝试更新鲜、更好的商品。无印良品在中国市场十多年的高光时期，面对的竞争对手整体不强，消费者也更加愿意尝试新鲜产品。

当时还有一个让人觉得匪夷所思的事情，无印良品有不少在中国销售的商品，实际上也在中国生产。但由于公司内部的流程原因，在中国生产的商品要先运到日本，在日本通过检查，确认没问题后再运回中国销售，物流成本进一步推高了无印良品在国内的售价，但当时消费者愿意接受这种价格。

在我的印象中，无印良品有一些商品的定价非常不合理。

例如，有一款小风扇在中国卖 500 多元，而在日本的售价约合人民币 300 元，相当于日本的价格是中国的近一半。这种情况不仅仅出现在一两个商品上，在很长一段时间内，无印良品的很多商品在日本的售价显著低于在中国的售价。"显著低于"的意思不是低 20%，而是往往低 30% ～ 50%，这是一个很夸张的水平。

很多进口品牌都有类似的问题，但像无印良品这样价格差距如此之大的，还是非常少见的。

从 2018 年开始，无印良品在中国市场的好日子逐步结束。在那一年，无印良品中国门店的销售额负增长 2%。

为了挽回颓势，无印良品不断降价。但哪怕在中国市场多次降价之后，同样的商品的售价依然普遍比在日本高出 25% ～ 30%。

可以看出，无印良品在中国市场遇到了两大挑战。

第一，中国品牌崛起，出现了许多替代品。例如 2015 年前后陆续出现的名创优品、网易严选等国产品牌，犹如当年无印良品在日本市场的高性价比定位。

20世纪90年代,无印良品之所以能在日本逆势崛起,是因为它当时的定位跟今天中国的无印良品平替品牌是类似的,它自己曾经就是那个平替。只是这一次,无印良品成了那个被盯上的"高价海外大牌"。

第二,无印良品越来越成为一种风格,我想买一个无印良品风的商品,但我不一定要买无印良品这个品牌的商品。

无印良品在产品设计上确实有其过人之处,没有多余的装饰,同时在设计细节上贴近了用户的需求。我一度非常喜欢的一款无印良品商品是超声波香薰机。这个香薰机有不同的用途,既能做床头灯,又能做加湿器,同时还能给卧室带来淡淡的香气。

这样的产品设计固然细腻,但是架不住中国是制造业大国,产品设计在我们国家根本成为不了壁垒——消费者可以轻易买到质量相近、价格便宜一半以上的国产品牌商品。

随着无印良品在中国市场面对的竞争环境越来越激烈,它在中国尝试了很多自救方法。

首先,无印良品在尽可能地打好"生活方式"这张牌。它进行了各种跨界尝试:开酒店、烘焙店、书店、轻食快餐店，在上海还开了有机农场的概念店。

日本企业并不擅长新鲜好玩的基于互联网的营销方式。短视频、明星代言，无印良品都涉足不多，它要做营销和品牌，首先想到的是新业态和跨界联名。

所谓的高溢价的生活方式，并不是无印良品在日本崛起的原因，而是它进入中国市场之后改头换面给自己添加的标签。

无印良品进入中国市场之后能改头换面，是因为在很长一段时间里，中国经济高速发展，而且中国消费者对进口品牌更加青睐。除了无印良品之外，星巴克、哈根达斯等品牌在进入中国市场之初也把自己定位得比在本国市场更加高端。

其次，无印良品在尽可能地把供应链调回中国，直接在中国生产和销售，悄悄降价。

也就是说，无印良品一边加码塑造中高端的生活方式，为品牌溢价制造正当性；另一边也在悄悄更换更多高性价比的产品。

总的来说，疫情之后，无印良品在中国的生意有所恢复。

2024年，无印良品在中国有约400家门店，平均每家门店每年营收1 000万元左右。这些门店的位置通常不错，面积也很大，租金不菲。

无印良品在中国的销售额的量级，不到优衣库的 1/5，优衣库在中国的销售额已经超过 300 亿元。

还有很多优衣库开店的地方没有无印良品。同为日本企业，无印良品可以通过下沉的方式继续增长——无印良品在中国依然可以开出更多门店，总有下沉城市的消费者没有见过无印良品。

无印良品在中国有自己的基本盘，但经营成本也很高。整体而言，我并不看好它在中国市场的未来。因为竞争实在太激烈，中国品牌在性价比上明显占有优势。无印良品的高光时刻，已经定格在 2005 年到 2018 年在中国市场的那段时间。

更加不妙的是，"95 后""00 后"不一定继续青睐这种日系简约风。有些"00 后"的朋友在和我的交流中表示，无印良品的设计风格非常"无聊"。这个词比"性价比不够"还可怕。性价比不够，意味着在消费者看来，产品还是好的，只是卖得太贵了。"无聊"则直接在产品吸引力层面进行否定，年轻消费者并不缺少生活用品。

无印良品在 20 世纪 90 年代从日本崛起的时候，主打的是低调而有质感，当时的日本消费者已经厌倦了炫耀性的奢侈品消费。在无印良品的宣传片中，永远都是穿着素色衣服的女生，在干净整洁的房间里，使用无印良品的产品进行收纳和清洁。这种情绪调性与日本文化中提倡的小确幸理念非常匹配。

当下的中国年轻人倾向于追求自我的个性表达，有质感但没有风格，很难受到他们的青睐。

启示三：全球化不仅是全球销售，还有全球采购

代表案例：萨莉亚

同优衣库、无印良品一样，日本企业萨莉亚的核心海外市场也是中国。虽然萨莉亚是个意式餐厅品牌，但它是不折不扣的日本企业。

萨莉亚于2003年在上海开出了中国1号店，截至2024年，在中国开出约500家门店，在日本本土有1 000多家门店，在全球共有超过1 500家门店。萨莉亚在全球范围内的收入在111亿元左右，目前企业三分之一的收入由中国市场贡献。

神奇之处在于，萨莉亚作为一个售卖意大利风味餐食的

餐厅，中国文化和日本文化都几乎没有对品牌风格造成任何影响。萨莉亚的本质是一个追求成本领先的企业，以萨莉亚的香烤蜗牛为例，19元就可以买到一盘6个蜗牛，性价比极高。

关于萨莉亚的经营之道，我在日本考察时，有幸听到来自萨莉亚刚刚退休的前任CEO的一手分享。

萨莉亚极致的成本控制显著体现在后厨流程上。在萨莉亚门店的后厨，没有任何需要用刀切割的环节，所有的菜品都由中央厨房配送，可直接取用。并非所有食材都能预制，其中最难处理的其实是西红柿，因为西红柿会被大量用于制作沙拉。如果中央厨房事先将西红柿切片处理，西红柿很有可能会在运输过程中被压扁损坏。萨莉亚为了追求极致的效率，选择使用一种来自欧洲的西红柿，其硬度较高，不易损坏，但代价是口感不如日本本地的西红柿。

对萨莉亚而言，作为一个成本领先型企业，低价就是最极致的用户体验。无论是门店选址还是原料选择，一切选择的出发点都是成本控制。而萨莉亚这样的业务逻辑，在经济不景气的年份，展现出了极强的韧性。

这样的经营策略不仅在日本有效，应用到中国市场同样取得了成功。

目前萨莉亚在中国的 400 多家门店其实都集中在一二线城市，三四十块钱吃意大利菜能吃到饱，这样的性价比决定了品牌在中国还有极其广阔的下沉空间。即使在消费市场竞争激烈的当下，萨莉亚的价格带也几乎不受影响，堪称经济下行期不受影响的典型代表。

萨莉亚的全球化，不仅体现在门店经营上，还体现在供应链的采购环节上。奶油酱一直是萨莉亚重要的调味料之一，所有奶油以及牛肉制品其实全部采购自澳大利亚，但萨莉亚在澳大利亚其实一家门店都没有。原因在于澳大利亚是全球畜牧业最为发达的国家，已经实现了工业化和规模化，最终带来了价格上的优势。大家平时购买牛肉时也不难发现，澳大利亚进口牛肉甚至比本土牛肉还便宜。

中国虽然已经在工业产业链上领先世界，但农业和畜牧业的工业化和规模化还在追赶期，以及能够用于大面积养殖的草场面积稀少，因此中国的肉牛养殖效率不如澳大利亚。而日本狭小的国土面积导致其根本没有大规模发展畜牧业的先天条件。

除了到澳大利亚采购牛肉，萨莉亚的全球采购布局还包括：到美国采购玉米（相信大家都对电影中美国的大农场记忆深刻），到智利采购贝类，到冰岛采购鲜虾，到泰国采购鸡肉……

从"全球卖"到"全球买",萨莉亚通过高效率调配全球原料,再对其进行预制加工后卖给海内外消费者,实现了真正全局的全球化。

启示四:精神消费的全球化是下一个大机会

代表案例:日本动画行业

除了零售业,另一个全球化大获成功的行业,当然就是日本动画行业。

动画消费属于精神消费,和上述的实物商品消费相比,更能凸显一个国家的软实力。

日本动画市场的规模在 3 万亿日元左右,相当于人民币 1 400 多亿元。在这 3 万亿日元的市场规模之中,海外市场和本土市场的贡献各自占比一半。

2024 年上映的日本动画电影、宫崎骏新作《你想活出怎样的人生》在国际市场的票房收入已经远超日本本土,中国也是其中最重要的市场之一。几年前新海诚创作的《你的名字》这部作品甚至带火了作为取景地的日本小镇,为当地带来了大量旅游收入。

一个有意思的观点是，每个国家的内容创作都有自己最擅长的"源头"。

动画在日本的内容领域有着举足轻重的地位。日本的大量电影都脱胎于漫画，这些动画电影的票房收入在整个日本国内电影市场中的占比达到了惊人的40%，在全球市场中占比最高。

在中国，很多内容作品最初的形式要追溯到网文。中国的动画电影票房收入占比则在10%左右，在全球范围内都是比较低的水平。从事海外内容发行的朋友告诉我，在海外最受欢迎的中国的内容类型是古装偶像剧。如果说日本动画带有强烈的日本文化色彩，能够在观众心中打下深刻的心智烙印，那么以《甄嬛传》为代表的中国古装剧无疑是最能体现中式文化风格的作品类型。

访学日本期间，我向当地学者提问说，为什么日本人如此喜欢，甚至沉迷于动漫？这个问题超越了商业范畴，更像是一个社会学或者哲学问题。日本学者的回答颇具哲思：日本文化中有一种否定自我的倾向，所以日本人倾向于构建一个没有真实国界存在的、想象中的世界。

日本人本身就有"耻辱文化"的传统，很多日本人不愿面对真实的世界。他们倾向于构建想象中的世界，在虚拟的空间里进行重新创造。

关于日本动画行业，一个令我感到惊讶的地方在于，日本基层动画从业者的薪资其实比中国更低，也就是说，在这个领域，中国的人工成本已经超过日本。日本作为发达国家，国民收入的中位数其实比中国高出不少。

但很长一段时间以来，我国以互联网和金融为代表的高薪行业的发展速度堪称惊人，在一定程度上推高了全社会对薪资的期望值，也导致不同行业的收入差距较大。

受益于泛互联网行业的发展，中国基层动画从业者的薪资甚至比日本更高。而比中国还低的人工成本，也成为日本动画行业全球化过程中的竞争优势。

日本动画行业在全球的成功，也让人对未来的中国内容行业全球化充满期待。中国依托高度发达的供应链将商品输出海外，已经有非常成熟的逻辑和模式了，但中国电影、电视剧、短剧的全球发行之路才刚刚开始。

中国今天的短剧会不会成为下一个"日本动画"呢？目前短剧是中国在世界范围内最有竞争力的内容形式之一，而且短剧本身的中国文化标签并不十分明显，文化的阻隔性较弱。

中国短剧全球化的最大优势可能是内容运营能力,能在运营方法论上对其他国家进行降维攻击,而不是只凭内容优势取胜。

对照日本,中国企业的全球竞争力如何

在疫情后的数次访日考察中,我和不少致力于让中国品牌进军日本的朋友进行了深度交流,也在日本的线下商场里看到了不少中国品牌的身影。

从安克到小米,再到大疆和联想,消费电子类的中国品牌已经在日本的商场内占领核心位置了。

但中国的消费电子行业并不是早就如此强大。我还清晰地记得自己十年前第一次去日本旅游时逛当地的电器城,当时觉得日本的电子产品真是设计高级、价格便宜,每个都想买。

十年过去了,再逛日本的电器城,感觉十有八九都不如国内产品。如果其中售卖一些中国没有的产品,那么别怀疑,这些东西在中国肯定已经被淘汰了。

中国消费电子行业强大的背后,是中国在全球消费电子供应链中的地位已不可替代,从上游研发到下游生产都形成

了成熟的人才供应体系，从绝对低价的产品到全球领先的高端产品，每个价格段产品的性价比都已经卷到极致。

如今，中国的供应链已经不再单纯追求低价，更多是追求完整和丰富，中国已经建立起庞大且完整的工业体系了。制造业体系的完备性是我们国家独有的优势。如果说iPhone的横空出世带来了移动设备的爆发，那么中国的制造业赶上了这一时代机遇，而日本的消费电子产业没有。

依托制造端的优势，中国企业全球化最需要考虑的问题，就是目标国家市场的落地执行。在企业出海的过程中，哪些业务板块要依靠当地团队，哪些可以在中国总部完成？

这个问题是有迹可循的，能够标准化地在中国国内执行的业务都可以理解为中台能力，包括产品研发、供应链优化和效果营销（这里的营销是数据驱动的部分，而非创意驱动的部分）。这些业务都能够依托中国的比较优势，通过国内总部的中台能力解决。

而真正需要当地团队负责的其实是那些本地化经验驱动的非标业务，包括社群运营、线下推广、明星代言、综艺植入等，这些都极大地考验团队的本地化能力，中国总部无法远程指挥。

值得全球化后来者参考的典型案例当然是SHEIN（希

音)。SHEIN 最早在南京起家,后来把总部搬到了广州。在其国内的团队中,南京团队主要负责广告营销,广州团队主要负责供应链。

服饰领域的中国品牌进驻日本市场,其实是从低势能向高势能攀爬的过程。SHEIN 成功的基础自然是高性价比。除此之外,SHEIN 并不会主动强调自己的品牌来自哪个国家,而是结合各国的市场情况和消费者认知进行本土化的品牌打造。

SHEIN 在东京成功打造了其全球首家线下门店,这一举措其实是由 SHEIN 日本当地团队主导和落地的,背后是对日本市场消费者的深刻洞察。

因为日本消费者是偏保守的,讲究眼见为实,对电商的接受度不高,所以他们更加看重和相信门店,门店就成了 SHEIN 在日本构建消费者信任的重要渠道。

虽然并非所有日本消费者都需要亲自去过 SHEIN 东京门店试穿之后才会下单购买,但这家门店的存在本身,就已经提升了消费者对它的好感和信任。

对致力于全球化的从业者而言,很多时候我们习以为常的消费习惯,对其他国家的消费者而言都是陌生且需要培养的。

中国品牌的全球化大航海时代已经到来，但全球化之前先想清楚品牌和品类的比较优势至关重要。如何打造本土化的团队，找到跨界背景的复合型人才，则是又一重考验。

写到这里，也想听听各位的意见。你认为今天中国企业的全球化征程，会比当年日本企业更加困难还是更加容易呢？欢迎在作者简介处找到联系方式，和我分享你的观点。

中国未来

名创优品和泡泡玛特的海外突围

在这么多全球化发展的中国企业当中，为什么名创优品和泡泡玛特值得作为典型案例来具体分析呢？

第一，它们的全球化程度高。这两家企业都成功地把业务做到了全球几十个国家，2024年，名创优品的海外营收占整体营收的比例近40%，泡泡玛特的海外及港澳台业务营收占比也有38.9%。未来几年，这两家企业的海外营收占比只会更高，超过50%也绝不奇怪。

在迈入国际市场之前，这两家企业早已在国内市场突围而出。中国电商极其发达和内卷，价格战的激烈程度让人不寒而栗。名创优品和泡泡玛特作为以线下门店销售为主的企业，其国内业务都还在享受非常健康的利润，经营能力可见一斑。

能在竞争激烈的中国市场成为行业翘楚，大概率能赢得竞争相对没那么激烈的国际市场。

第二，它们的全球化战略具备借鉴意义。这两家企业都在IP产品这个领域进行全球化，而不是低端产品的全球化，以避开极致的低价内卷，转而为消费者提供情绪价值。

同其他依靠制造端成本优势实现全球化的中国企业相比，这两家企业的全球化特点在于：IP经济具有精神与文化属性，产品毛利更高。精神与文化消费这样的软实力，过去并不是中国企业的强项。因此名创优品和泡泡玛特在全球市场突围而出，更能代表未来的趋势。

看到这里，你可能觉得错愕：名创优品难道不是"十元杂货店"吗，怎么摇身一变，成了IP经济的代表？

实际上，十年前，在名创优品崛起之初，它的定位确实是模仿日本大创（DAISO）的十元杂货店，门店是日系的装修风格，甚至模仿日系起名方式，将自己命名为MINISO——当时名创优品就是一家低价白牌零售商。

但在最近几年，名创优品早已告别十元杂货店的定位，也丢掉了伪日货的包袱，努力转型成为一个 IP 产品公司。名创优品对标的也不再是日本杂货店，而是要跟泡泡玛特一样，走上 IP 经济之路。

这两家企业是如何成为中国 IP 经济的代表，并且成功实现全球化扩张的呢？背后的故事很有意思。

名创优品的转型之路：从十元杂货店到 IP 产品公司

近年来名创优品的门店有所改变，不仅原先的 logo 中的日式设计元素消失不见了，logo 的颜色也改为了名创优品中国红，门店风格更有自身特色。

店里还多了种类丰富的 IP 相关的衍生产品，不仅有玩具，还有各种日常用品。例如，大火的二次元 IP "chiikawa" 的衍生产品 2024 年就在名创优品热卖。

除此之外，名创优品已经合作的知名 IP 还包括"哈利波特""芭比""迪士尼""Hello Kitty""宝可梦"，以及国产大 IP "故宫宫廷文化"。其范围之广，让名创优品的目标用户都能在店里找到那些陪伴自己成长的 IP。

战略转型

名创优品真正转型为一个以 IP 产品为主的公司，其实是最近两三年的事情，但它至少在 2019～2020 年就已经在规划转型了。

转型的原因很好理解，线下零售本质上是个非常"凶险"的行业。在中国电商异常发达的背景下，一直走十元杂货店的路线必然导致最终要直面与拼多多的价格博弈，低价的内卷没有尽头。

虽然名创优品是一个加盟模式的连锁企业，但是总部有义务让加盟商也能赚到钱。如果加盟商在低价内卷中丧失竞争力，纷纷亏损，最终会导致整个企业经营的垮台。

这在当下看来是非常简单的道理，但在 2020 年前后果断选择转型，而且找到了向 IP 经济转型的方向，名创优品的创始人叶国富的商业判断值得敬佩。

据我观察，名创优品的转型可能在一定程度上受到了泡泡玛特的启发。泡泡玛特在 2020 年登陆港交所，一上市市值直接超过了 1 000 亿港元，可以说让当时所有的消费企业羡慕不已。

对名创优品来说，IP 转型战略其实还解决了复购率的问题。如果消费者来门店的目的是购买那些纯粹的功能性产品，比如水杯、毛巾、一次性旅行用品等，那么消费者的复购率不会高。甚至会出现一种情况，质量越好的产品越耐用，复购率就越低。

但如果在这些产品上附加了 IP 带来的情绪价值，那么消费者为之付费的就不再是纯粹的产品功能，而是看到就开心的愉悦感。这也为提升客单价提供了强有力的理由，有官方正版授权加持之后，消费者的付费意愿也随之上升。

名创优品和 IP 版权合作方的分成方式是"保底费用 + 抽成"，实际上实现了"三赢"——名创优品能提价，IP 版权方能赚钱，消费者也更开心。

转型之后的名创优品，各种各样不同类目的商品依然在售，但第一大类目变成了玩具，占到了销售额的四分之一左右。传统的、功能性较强的生活家居用品则成为第二大类目，占到了销售额的六分之一左右。

做 IP 对名创优品的帮助不止于此，几乎所有商品都可以借由 IP 的加持来提升毛利率。功能性强的商品通常很容易被比价，毛利率通常在 50% 左右；但名创优品出售的带有 IP 属性的玩具，毛利率则能够上升至 75%。所以名创优品通过调整类目结构，不仅让自己逃离了低价竞争，还提升了利润空间。

现阶段名创优品的第三大类目是食品，包括各种果干、糖果和肉脯，甚至还有自有品牌的矿泉水。另一个异军突起的类目则是香水和香氛，这也是近年来情绪价值的典型代表。有趣的是，在社交场合给别人闻的香水，销售额增速不如放在家里给自己闻的香氛，这说明今天的消费者更加愿意为自己的感受买单。

名创优品目前已成为中国最大的香水和香氛零售商，以 4 000 多家门店的量级，配合这一类目 10%～15% 的销售额占比，销售额的绝对值已经领先很多主打香水和香氛的单一品牌了。而且，香水香氛类目的毛利率甚至能达到 80%。

我曾与一个香水和香氛类目的创业者交流，询问他产品成本有多高，创业者回问我：你问的是瓶子的成本，还是里面物料的成本呢？

然后我小心翼翼地问道：难道你的瓶子的成本比里面的物料成本更高吗？

这位创业者非常果断地点了点头：当然是瓶子的成本更高。

香水和香氛厚重的玻璃瓶，需要材质和设计的双重加持，才能带来美与愉悦的情绪价值。相关企业甚至应该推出补充装，实现可重复利用。

可以看出，名创优品一直在向高毛利率的方向发展，而且更倾向于售卖那些不好比价的产品，并通过大量线下门店的展示优势来刺激消费者为满足情绪价值的购买。从财报数据来看，名创优品作为线下连锁零售店，在电商的强烈冲击之下，居然能做到16%的净利率，这个数字是大量零售企业难以想象的。

到2025年，名创优品在国内已经开出了4 000多家门店。如果说IP转型的战略有副作用，那可能会是阻碍更加下沉的开店方向，想要像蜜雪冰城、古茗、瑞幸咖啡和库迪咖啡一样下沉到县城，成为国内的万店连锁品牌是几乎不可能了。许多低线城市的消费者对IP衍生品的接受度并不高。基本上，名创优品在每个县城开出一家店，就已经能满足当地人的消费需求。

当然，名创优品大量的业务都在海外。虽然名创优品公司层面从没有公布过国内市场和海外市场的利润占比，但大概率是海外的利润率会更高，名创优品未来更大的发展空间也在海外。

全球化策略

在写作本书之时,名创优品的海外门店数超过 3 200 家。在海外市场电商竞争力较弱的背景下,未来留给名创优品的开店空间还很大,至少能翻倍到 6 000 家左右。

名创优品在国内为了避开和拼多多的低价内卷,可能会砍掉一些客单价低的商品。但在海外市场,它依然可以保留这些商品,因为它们在国外可以卖出更高的价格。这样做的合理之处在于,美国和欧洲的消费者更加愿意为情绪价值支付溢价,对日常消费的价格敏感度也不高。

调研显示,在国内市场,名创优品 20%～30% 的销售额是由 IP 产品贡献的;而这个数据在美国市场是惊人的 70%。也就是说,名创优品在海外的竞争对手已经不再是 Temu 平台和沃尔玛的白牌产品,海外的名创优品更像是购买迪士尼衍生品的高性价比渠道——虽然跟曾经的自己比起来是变贵了,但跟迪士尼官方购买渠道相比,依然更有性价比。

名创优品海外门店的选址也很有讲究,去法国就在凯旋门旁边开店,去美国就在时代广场开店。

总结一下,名创优品的 IP 转型战略不仅提升了其国内业绩,还助力了海外业务的向上发展。

分享一个冷知识：在名创优品的玩具类目里，在国内卖得最好的是盲盒，但在海外是毛绒玩具。为什么国人对盲盒如此感兴趣？这与另一家公司的助推有关。这家公司，当然就是泡泡玛特。

泡泡玛特：创意全球化

最近几年，名创优品海外业务的年化增速大约在40%。相比较而言，泡泡玛特进入海外市场的时间更晚，但它的增速更快，2024年超过了300%，这样的增长速度让人惊叹。

泡泡玛特2024年的海外营收超过50亿元，而且其在2025年之前主要聚焦东南亚市场，向欧美市场发力还是最近一年的事。在中国市场被验证成功的商业模式，搬到东南亚之后，依然是行之有效的。

对比泡泡玛特和名创优品，二者在商业模式上最大的区别在于：泡泡玛特的IP大部分是自主孵化的，可以统称为新IP；而名创优品合作的IP基本上是已经成名的大IP，可以称为拿来主义。虽然泡泡玛特也合作了一些大IP，但相关产品的销售额占比在20%以内。

名创优品可能在羡慕泡泡玛特。名创优品为了合作知名IP，一定是付出了高额的成本的，哈利波特、Hello Kitty和宝可梦肯定都很贵。相比之下，泡泡玛特更像是一个发行公司，在 IP 还青涩的时候挖掘它们，实现从 0 到 1 再到 10 的运作，成本更低。

根据 2024 财年的财报，泡泡玛特最知名的几个 IP，第一名是 Labubu 所在的 The monsters 系列，第二名是 Molly，第三名是 Skullpanda，第四名是 Crybaby，排名更后的是 Dimoo 和 Hirono——第三名和之后的这些名字对潮玩爱好者而言都非常耳熟能详，但对潮玩消费不感兴趣的朋友来说可能就非常陌生。

这些 IP 基本上都是由泡泡玛特自己打造的，成本低，利润空间很大。泡泡玛特依靠自己行业龙头的位置，给合作的艺术家较低的销售分成——当然这种打法对企业预测和打造爆款的能力提出了更高的要求。

名创优品则根据当下的热点持续签约新 IP，而且每个季度都要有一个爆款大 IP 来维持热度，因此运营成本高。

乍看上去，可能是泡泡玛特的商业模式更性感，因为从无到有打造 IP 的能力很稀缺。但在 Labubu 大火之前，很多人担忧的问题在于：对海外消费者来说，泡泡玛特的这些在中国已成名的 IP 可能在当地名不见经传，海外市场的推广存在不确定性。相比之下，名创优品合作的大 IP 已经是全球知名，不需要再说服消费者。

当然，不同的商业模式也源于两个团队的基因不一样。泡泡玛特在默默无闻的时候就能长期坚持自己的战略，团队肯定是有自己的审美和追求的。

泡泡玛特能够在海外市场成功实现 IP 打造的从无到有，确实是非常值得期待和兴奋的事情，想象空间也更大。过去一年，在东南亚市场大获成功之后，泡泡玛特进一步依靠 Labubu 在欧美市场打响名堂，成为少有的能风靡全球的中国 IP。也许今天泡泡玛特占海外 IP 消费的体量还比较小，但是十年之后，即在泡泡玛特的陪伴下成长起来的这代人成为社会消费主力之后，泡泡玛特前景可期。

回到客观分析的角度，对泡泡玛特而言，消费者为什么要为全新孵化出来的 IP 买单？这是个基础但根本的问题。如果说泡泡玛特早年走红是因为有盲盒这种新鲜玩法的加持，那么今天它能在全球舞台上受到认可，核心还是在于 IP 本身的魅力。

关于这个问题，我曾经与一位业内知名的潮玩公司创始人交流过，对方的观点让我印象深刻：想象一个场景，如果你要用艺术收藏品来布置你的家，作为消费者，你是想在家里挂一幅批量复制的梵高作品，还是一位青年艺术家亲手创作的原作，上面还有亲笔签名呢？

在这位创始人看来，潮玩收藏背后的动机和艺术品收藏是很像的。如果你是艺术品爱好者，尽管收藏梵高真迹的可能性几乎为零，但你可以选择收藏一位青年艺术家的限量作品，而他在未来有可能会名声大噪。

在两三百年前的欧洲，可能今天的艺术品就是当时的潮玩。

在这个叙事逻辑里，梵高成名是在本人去世很久之后，但当今这个时代更好的地方在于，艺术家创作的 IP 不需要等待如此长久的时间，通过社交媒体的快速传播，就能获得大众的认可。

泡泡玛特作为一家潮玩发行公司，储备了大量的艺术家和新 IP，当下年轻人乐于拥抱新鲜事物，艺术家更不需要成为梵高才能赚钱。像 Molly 一样成功几年，对公司而言就已经是投资回报率很高的商业成功了。

还有一个经常被讨论的问题是，泡泡玛特的这些原创 IP 都是没有故事和底蕴支撑的，这是它经常被诟病的一个点：只有形象没有故事，能算真 IP 吗？

泡泡玛特为了解决这个问题，目前已经开发出了主题乐园,未来会做游戏和电影,但相比迪士尼的经典IP,泡泡玛特的故事基础还很薄弱。很多人认为,IP需要作品先行,在日本可能是漫画,在中国可能是小说。

可以仔细思考一下,这个问题重要吗?

我曾就这个问题与多个业内的创业者讨论过,大家都表示:不重要。对这类产品的用户而言,其实形象设计本身就是内容,而面对同样的形象和设计,每个消费者从中照见的自己是不一样的,一千个人眼里可能有一千个Molly。而这些IP的设计师也不会告诉消费者,什么是正确的感受方式与解读方式。

没有故事,将会带来更多的故事。每个消费者都从IP中想象出属于自己的故事,而这个故事是独一无二的。

当我们在讨论IP这件事的时候,不一定要先入为主地认为一定要像迪士尼那样打造IP——先做动画,再做电影,还要做乐园,最后才是衍生品售卖。

泡泡玛特其实证明了可以形象先行,再补充作品。未来它会慢慢补上乐园、游戏和电影,在资金雄厚之后增加IP价值的厚度。但在没有这些之前,它依然很赚钱。

卡皮巴拉这个IP因为情绪稳定而走红网络,它也没有故事，更多依赖于短视频、表情包在社交网络上的传播而走红，从纯粹的动物形象变成卡通 IP。也许对当今的年轻消费者而言，并不一定要有精神内核，可爱、好玩、好看就是王道。

在碎片化传播的时代，每个 IP 都更加需要千人千面的解读空间。IP 提供方需要同时满足不同人对于情绪价值的需求，有时候赋予太多含义，反而有可能限制自身的发展。

关于 IP 行业的三个结论

凭借 Labubu 的爆火，从 2024 年到我写完本书时，泡泡玛特的市值一路上涨，从 200 亿港元涨到了 3 000 亿港元以上。在这段时间里，泡泡玛特成为整个中国股票市场最引人注目的大牛股。

这一切发生得太快，涨幅也太猛，很多投资人都错过了，大呼看不懂。泡泡玛特暴涨的背后，有一个最引人注目的事实：作为一个来自中国的潮玩公司，泡泡玛特所推出的 IP 产品，像 Labubu 和 Molly 这样的玩偶，不仅在中国国内受欢迎，而且火遍了全球。

泡泡玛特快速增长的海外收入，给其带来了无限的发展空间。

很多人认为中国企业是不擅长打造精神消费或文化消费产品的，为什么泡泡玛特能够火遍全球呢？

带着这个疑问，我在 2025 年年初奔赴日本考察，专门和日本 IP 行业的专家进行了深度讨论。

为什么了解中国 IP 行业的发展趋势，要奔赴日本进行考察学习呢？

背后的原因很简单，在全世界范围内，日本的文化产业 IP 依然处于领先地位。比如全球最赚钱的 IP 宝可梦就是由日本公司创造的。

我每次到日本，都一定会留足时间逛一逛东京的秋叶原——日本 IP 行业的圣地。这一次也不例外，我在秋叶原待了整整一天，在和日本 IP 行业的专家深度探讨之后，我得出了关于 IP 行业的三个重要结论，这让我对泡泡玛特的产品为什么能够火遍全球有了更加深入的理解。

第一个结论：优秀的 IP 产品可以抵御经济下行周期。

日本的 IP 行业中最具代表性的就是动漫相关的 IP。20 世纪 90 年代是日本动漫行业重要的加速发展阶段。其间，日本的经济泡沫破裂，经济是非常差的。但是在经济越差的时候，大家待在家里的时间就会越长，消费 IP 产品（例如看漫画和动画）的时间也会更加充裕。日本经济发展最差的时候，反而是动漫行业蓬勃发展的时期。

时至今日，日本有约一半国民会消费动漫内容——和很多人想象的不一样，日本的动漫作品不仅仅是为所谓的宅男打造的，已经是全民的精神消费品。

时至今日，日本的动漫作品不仅日本人自己喜欢，还走向了全球。动漫行业也成为日本少数依然在全球保持领先地位的行业。

第二个结论：拥有优质 IP 的企业有机会"躺赢"。

IP 行业的竞争逻辑是，你不需要赢很多次，只要赢一次足够大的，就可以靠着手上的优质 IP 一直赚钱。

日本东映动画旗下最著名的 IP 是龙珠和海贼王，这两个 IP 的收入占东映动画版权收入的 70% 以上。而且这两个 IP 都不是最近几年新创作的，已经有好几十年的历史了。在这两个大火的 IP 之后，东映动画一直没有办法创造出更上一层楼、更为大家熟知的新 IP。但就靠这两个 IP 每年的全球授权费，东映动画一直赚钱到如今。

为什么好的 IP 可以让企业"躺赢"呢？因为受众对 IP 的二次创造和传播能让 IP 的生命力不断与时俱进，而不完全依赖于 IP 的原作者和版权方的持续耕耘。对于龙珠和海贼王这样的 IP，东映动画只是给它们的传播奠定了很好的基础。

日本专家的观点和我在上文的论述不谋而合：很多著名 IP 根本不需要故事。

例如，Hello Kitty 最早的时候仅仅有一个形象，而没有动画片和电影作为支撑，但它依然可以火遍全球。

日本专家给我们分享说，Hello Kitty 的版权方三丽鸥一度很想给 Hello Kitty 创作很多故事，但这个尝试失败了，因为消费者不喜欢。消费者不想看到 Hello Kitty 苦恼和悲伤，每个人都想把自己美好的情感放在 Hello Kitty 身上，和它取得共鸣。

消费者并不需要原作者赋予 Hello Kitty 更多的情感表达，每个人都可以从自己喜欢的 IP 出发，构建出自己向往的那个精神世界。

同样的道理，今天泡泡玛特最受欢迎的 IP 就是 Labubu。Labubu 是不能开口说话的，一旦它开口说话了，消费者就会失去想象空间，Labubu 也就失去了自己的魔力。

Labubu 就是一个非常简单的玩偶，它并没有很强的互动性——这样反而使得每个人心目中都有自己最喜欢的 Labubu 的样子。

一个拥有经典 IP 的企业是幸运的，它不需要过度辛劳，消费者自然会赋予 IP 更多的意义，而企业就可以躺在这个宝藏上不断赚钱。

当然话说回来，要创造一个经典 IP 就是最难的一件事情。刚刚的分析只是意味着，一旦一个爆款 IP 产生了，进一步把它发扬光大的动作很有可能是消费者主动做出的。

为什么世界上有这么多 IP，最终能沉淀下来成为经典的就那么几个呢？

这个问题没有唯一答案。感兴趣的朋友可以给我留言，欢迎畅所欲言：你认为一个 IP 能够广泛传播，甚至跨越时间的洗礼成为经典，它需要具备什么样的成功要素呢？很多人都说这背后都是玄学，你的观点是什么呢？

第三个结论：大部分国家并不具备创造能全球化传播的 IP 产品的能力。

IP 创作是国家软实力的一部分，也是国家文化竞争力的一个主要标志。

放眼整个亚洲,有能力生产能全球化传播的文化产品的国家无非只有四个:中国、日本、韩国,以及印度——印度宝莱坞的国际影响力很大。

从这个角度看,泡泡玛特出海的时候首先能够攻下来的市场,一定是那些没有能力创作出能全球化传播的文化产品的国家和地区。

例如,泡泡玛特目前在东南亚市场非常受欢迎。但泡泡玛特在日本市场的发展会相对困难。我在日本考察的时候,去过东京好几家泡泡玛特的门店,里面人流稀疏,消费者热情不高。因为日本的IP市场已经极大繁荣,当地的消费者根本不需要去购买来自国外的IP产品。

除了少数像日本这样的国家以外,大部分国家根本没有能力创作能全球化传播的IP。大部分国家的消费者只能追随——大家会去关注现在明星都喜欢什么IP,现在全球最火的IP是什么。

比如,泡泡玛特在进入东南亚甚至是欧美市场的时候,就非常受益于一位国际明星在其社交账号上的主动分享。

这种无心插柳的行为使得Labubu的影响力迅速扩张。后来也有许多国际明星在自己的社交账号上分享与Labubu相关的内容。

可以看出，全球的文化消费都有非常强的跟风效应。只是以前的跟风传播，受益者是美国的电影、日本的动漫，而今天终于轮到了来自我们中国的 IP 产品。

听我分析了这么多，你对于泡泡玛特能够火遍全球有什么观点呢？欢迎在作者简介处找到联系方式，给我留言分享你的观点。

全球化的未来是本土化

对品牌来说，国内的市场竞争已经足够激烈，在国内活下来之后再进军海外，溢价会更高，而且在海外市场更有可能赚到更多钱。

同样的发展路径，我们在无印良品身上看到过，在星巴克身上看到过，今天也在很多中国企业身上看到了。

泡泡玛特之所以在东南亚先火起来，原因是东南亚受到中国的文化辐射更强烈。之后，泡泡玛特在欧美的影响力也不断得到了提升。这样的 IP 全球化过程在商业史上并不陌生——当年 Hello Kitty 在日本崛起之后，影响力辐射到欧美，同样的故事已经发生过。

日本的 Hello Kitty 成功走向了全球，成为历史上全球范围内最赚钱的 IP 之一。据统计，Hello Kitty 从诞生到如今，一共给它的创造者三丽鸥公司赚了超过 860 亿美元，而且 Hello Kitty 的生命周期很长，已经超过 50 岁了，未来很有可能会"活到"100 岁。Hello Kitty 作为单一 IP，在全球范围内的 IP 授权收入仅次于宝可梦，高于小熊维尼、米老鼠和唐老鸭。

从 2024 年开始，泡泡玛特在资本市场备受追捧，估值升高到港股上市企业中的最高水平之列，或多或少源于上面描述的宏伟前景。投资人们自己都设想了：在三丽鸥身上发生过的奇迹，会不会在泡泡玛特身上重演一遍？

众所周知，泡泡玛特的原创 IP 都是由设计师创作的。泡泡玛特在全球化过程中，需要跟很多当地的潮玩设计师和艺术家一起共创 IP。

泡泡玛特这样的企业参与全球化，和早年的外贸企业出海，本质上不是同一件事情。早年的外贸企业老板，甚至不需要会英语，每年在广交会上跟外国客户见面一次，一手交钱一手交货，事情就解决了。这是当时制造业出海的一个典型特征。

泡泡玛特不能只用国内创作的 IP 去开发海外市场，而是需要整合当地的艺术家资源，跟当地的艺术家签约开发 IP。

这样难题就来了，IP 的创作者来自全世界各地，会涉及很多跨国协作和跨语言沟通的事务。

一个 IP 从开始讨论到最终落地推向市场，通常需要几个月甚至一年的时间。每个国家的艺术家很可能讲不同的语言，很多海外的艺术家不会英语是常事，合作过程中需要大量的协作和沟通。像泡泡玛特这样的中国企业之所以在海外能发展得很好，很大程度上也是因为中国企业的数字化能力确实在全世界范围内是领先的，比如泡泡玛特通过办公协作软件的 AI 翻译功能，和全球艺术家无缝对接。

同时，泡泡玛特还是个财大气粗的"财主"，可能很多东南亚的艺术家都没合作过这么实力雄厚的公司。签约之后，公司还负责后续的包装、推广、销售……当地并没有能跟泡泡玛特竞争的类似量级的企业。

今天的泡泡玛特在做 IP 赋能的全球化，而不是单纯的供应链全球化。它成功的核心是跟艺术家一起创造出让消费者乐此不疲的产品。

相比非常强势的美式文化输出，中国企业所选择的文化输出路线是开发当地的文化资源，实现融合共创。泡泡玛特在全球化的过程中并不强调自己的中国色彩,相比之下,另一个全力走全球化道路的中国品牌——霸王茶姬,它的中国色彩和属性则强烈得多。从门店设计到单品的命名方式,再到"以东方茶,会世界友"的品牌口号,霸王茶姬的愿景是:让全世界喝上中国茶。

是否选择将本国文化强势输出,也是企业全球化过程中需要考虑的重要问题。就连迪士尼这种典型的美国文化强势输出的公司,今天也开始尝试本土化——玲娜贝儿就是典型的中国才有的特色 IP。而无印良品从日本到中国,实际上竞争力是下降的。前文分析过,无印良品在中国市场所依赖的溢价来源已经消失,很长一段时间内它也没有根据中国市场情况,推出更加因地制宜的新产品。但泡泡玛特进入海外市场的时候,已经学会了跟当地的艺术家共创 IP,本土化和因地制宜的意识更强。

尽管日本企业和美国企业崛起的时间早于我们,当前中国企业的全球化程度相当于 15 ~ 20 年前的日本企业,但客观来说,今天的中国企业在很多方面的能力不输于当年的日本企业。乐观地预测,在未来的全球市场竞争中,中国企业的整体经营能力会在很多领域超越发达国家的企业。

放眼全球市场,今天中国企业在全球化过程中,遇到的贸易壁垒比以往更多，成功的难度比赶上加入 WTO 的"全球化"红利的企业更大。但反过来说，每一代人都有自己的机会，像名创优品和泡泡玛特这些企业，它们的能力更强，对产品和市场的洞察力也更加极致。

你认为今天的中国企业在全球化舞台上有哪些独特的竞争优势呢？欢迎在作者简介处找到联系方式，给我留言分享你的观点。

CONCLUSION ◀ 结束语

对照日本，而非全盘照搬

在书中我反复提到：日本的商业发展历程在相当程度上可以为中国企业提供参考。但这并不意味着，中国企业可以全盘照搬日本的商业模式。

从批判性思考的角度来看，了解中国和日本国情的差异与了解两者的相似性，可能同等重要。

通过研究，我总结出中国和日本的商业形态之间存在三大显著差异。

第一，中国的商业变化速度明显快于日本。

尽管东京等大都市生活节奏迅速，但与北京、上海相比，东京的商业发展节奏已经显得较慢。

在今天的中国，随着互联网科技的发展，丰富多样的社交媒体平台得到广泛使用，信息传播速度达到有史以来最快，因此商业变化更为迅猛。比如泡泡玛特旗下的 Labubu，在得到明星的宣传后，2024 年以来在社交媒体平台上迅速传播，在全球范围内形成了抢购热潮。而日本的 Hello Kitty 虽然也风靡全球，但是其影响力发展扩大所需要的时间，远超今天有社交媒体平台加持的 Labubu。

在经济周期方面，中国可能在短短三五年内走完一个高低起伏的周期，而日本可能需要数十年。

因此，尽管不少人担心中国会经历类似日本"失去的三十年"的困境，但我认为中国的经济周期波动将比日本更迅速，不会出现长周期的单方面下行。

中日之间商业变化速度的差异，也会导致日本推崇的匠人精神式企业未必适合中国国情。有纪录片展示了寿司之神的小店非常受欢迎，顾客需要提前两三个月预订，寿司之神本人就是一名优秀的匠人式企业家。我喜欢观察企业家满足感的来源——企业家奋发拼搏，内心真正追求的是什么？他的满足感从何而来？

我发现，像寿司之神这样的日本企业家，他们的满足感来自精益求精和不断突破自我的成就感。

然而，中国企业家的志向往往更加远大，希望成就惠及更多人的创新。中国的创业氛围比日本更浓厚，企业的进取心大多也更强。

如果必须分个高低，我认为中国企业家这种积极向上的状态更加让人振奋。

第二，中国与日本的商业模式不同。

日本消费者需求的变化对中国具有重要借鉴意义，但是日本在商业模式迭代上不如中国发达。我们需要注意，商业模式创新和消费需求变化是分析商业的两个不同角度。

在商业模式创新方面，中国已走在全球前列，许多商业模式创新成果，如电商、外卖、快递配送、扫码支付、共享充电宝和共享单车等，在全球范围内处于领先地位，并且已成为中国人日常生活的一部分。与此相比，我在日本考察时发现，日本许多类似的商业模式的创新仍处于起步阶段，未成为主流。

例如，所谓的"懒人经济"反映出人们对便捷生活的需求。在日本，这一需求催生了像 7-11 这样的便利店，而在中国，消费者通过美团等外卖平台来满足类似的需求。尽管两国的商业模式不同，但它们服务的都是相同的消费需求。

因此，在借鉴日本经验时，我们应更关注消费需求的本质，而非具体的商业模式。

第三，中国和日本的社会结构不同。

本书一再提到中日两国在人口老龄化趋势上的相似性，但两国居民在收入分布上的差异性同样值得注意。

因为日本的城乡格局和收入分配相对均衡，日本的商业趋势往往呈现整体性。也就是说，我们可以把日本作为一个整体看待，而无须过度关注社会内部的分层。显然，这样的结论在中国并不成立。

以近期大家常常提及的一个词——消费降级为例。在日本经济泡沫破裂之后的很长一段时间里，消费降级的趋势在日本是普遍成立的。但在中国，考虑到14亿人口的多样性及收入差距，消费降级这样笼统的结论就显得过于绝对。

日本社会是一个下限比较高，上限比较低的社会。尽管在日本几乎没有暴富的机会，但是刚进入职场的年轻人或者出租车司机的月收入都能到达一两万元人民币的水平。日本社会是纺锤型的，在这样的社会中，人们的消费习惯会比较类似。

显然，中国不是这样的情况。书中分析的五大趋势以及提到的商业案例，背后体现的都是某个消费群体的特征，而不是全体 14 亿人的。

中国的消费趋势具有更高的复杂性，但这也正是中国庞大的人口基数带来的优势。显然，中国市场的规模和消费层次的丰富性使得企业只要专注服务某一群体，几乎就能拥有与日本全国市场相当的市场规模。因此，中国市场为企业提供了更多机会，特别是在垂直领域和细分需求的发展上。

我们清晰地看到，中日存在诸多差异，中国企业不能全盘照搬日本的商业模式。但正是这些差异的存在，使我们能够更加精准地识别：哪些日本发生过的趋势对中国有借鉴意义，哪些在中国未必适用。

愿各位读者从本书的阅读中有所收获，如果本书能对你的商业决策提供一点启发，那已经是我的荣幸。

最后再赘述一句，关于我在书中讨论的案例和观点，非常期待听到你的想法和反馈。欢迎在作者简介处找到联系方式，和我分享你的观点。